中国化马克思主义的创新成果

主　　编　闫　玉

副主编　孔德生　王雪军

本册作者　高世鹰　孔德生

中华工商联合出版社

图书在版编目（CIP）数据

中国化马克思主义的创新成果 / 高世鹰，孔德生著 . --北京：中华工商联合出版社，2014.3
ISBN 978-7-5158-0844-4

Ⅰ. ①中… Ⅱ. ①高… ②孔… Ⅲ. ①马克思主义－发展－研究－中国 Ⅳ. ①D61

中国版本图书馆 CIP 数据核字（2014）第 036032 号

中国化马克思主义的创新成果

作　　者：高世鹰　孔德生
出 品 人：徐　潜
策划编辑：魏鸿鸣
责任编辑：魏鸿鸣
封面设计：徐　超
责任审读：李　征
责任印制：迈致红
出版发行：中华工商联合出版社有限责任公司
印　　刷：固安县云鼎印刷有限公司
版　　次：2014 年 4 月第 1 版
印　　次：2021 年10月第 2 次印刷
开　　本：155mm×220mm　1/16
字　　数：78 千字
印　　张：12.25
书　　号：ISBN 978-7-5158-0844-4
定　　价：38.00 元

服务热线：010－58301130
销售热线：010－58302813
地址邮编：北京市西城区西环广场 A 座
19－20 层，100044
http://www.chgslcbs.cn
E-mail：cicap1202@sina.com（营销中心）
E-mail：gslzbs@sina.com（总编室）

目录 Contents

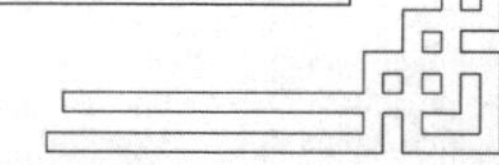

一、马克思主义中国化概述

（一）马克思主义中国化的科学内涵

1. 马克思主义中国化的提出

中国共产党从成立之初，就是一个以马克思列宁主义为指导思想的党。但是，找到了马克思列宁主义这个崭新的思想武器，并不意味着就能够自然而然地解决中国革命所面临的问题，还必须把马克思主义的基本原理同中国的具体实际结合起来，实现马克思主义的中国化。中国共产党人对这个问题的认识，经历了一个过程。

党的早期领导人李大钊等都曾经提出过要把马克思列宁主义应用到中国的实践当中去的思想，但在党的幼年时期，对于这个问题还没有形成深刻的、完整的、统一的认识。党的中央领导真正认识到这个问题的重要性是在1935年遵义会议以后，而就全党来讲，则是在延安整风以后。1938年，毛泽东在党的六届六中全会上作的题为《论新阶段》的政治报告中最先提出了“马克思主义中国化”这个命题。他指出：“没有抽象的马克思主义，只有具体的马克思主义。所谓具体的马克思主义，就是通过民族形式的马克思主义，就是把马克思主义应用到中国具体环境的具体斗争中去，而不是抽象地应用它。成为伟大中华民族之一部分而与这个民族血肉相连的共产党员，离开中国特点来谈马克思主义，只是抽象的空洞的马克思主义。因此，马克思主义的中国化，使之在其每一表现中带着中国的特性，即是说，按照中国的特点去应用它，成为全党亟待了解并亟须解决的问题。”

毛泽东之所以提出要实现马克思主义的中国化，源于中国革命进程中正反两个方面的实践经验。在第一、二次国内革命战争时期，我们党经历过两次胜利和两次失败，特别是“左”倾教条主义的错误路线，使中国革命遭受严重挫折，几乎陷入绝境。遵义会议确立了毛泽东在全党的实际领导地位后，开始从理论上系统地总结中国革命的历史经验，为中国革命提供合乎实际的完整的理论、路线、方针和政策。经过延安整风，马克思主义中国化的思想成为全党的共识。刘少奇代表党中央在党的七大上作的关于修改党章的报告中，对“马克思主义中国化”从理论上作了进一步的阐述。

实现马克思主义中国化，是解决中国问题的需要。马克思列宁主义作为科学真理，虽然具有普遍的指导意义，但将这些普遍真理应用于中国的具体实际却是一项极其艰巨的任务。中国共产党人面对着特殊的国情，在旧中国这样的半殖民地半封建的东方大国，不仅革命的条件与马克思、恩格斯、列宁所分析的西方资本主义国家很不一样，而且中国社会历史发展的具体道路同西方资本主义各国社会历史发展的道路也不可能相同；同样，在新中国如何进行社会主义建设，如何进行社会主义改革，也不同于其他社会主义国家。要真正运用马克思主义来指导中国革命、建设和改革，必须实现马克思主义的中国化。中国革命、建设和改革发展的实践也证明，马克思主义之所以能在中国发挥指导作用，不仅因为它是科学，因为中国的社会条件有了这种需要，而且是因为它同中国人民的革命、建设和改革发展的实践发生了联系，实现了结合，是因为它被中国人民所掌握。

实现马克思主义中国化，也是马克思主义理论的内在要求。“马克思的整个世界观不是教义，而是方法。”各国的马克思主义者的任务就是结合各个国家不同时期的具体实际，将马克思主义进一步加以民族化、具体化；同时，马克思主义也只有在同各国具体实际相结合的过程中，才能开辟自身的发展道路。这是马克思主义的题中应有之义。马克思主义要在中国发挥指导作用，就必须将其同中国的具体实际相结合，实现马克思主义的中国化；中国化的马克思主义又为马克思主义理论宝库增添了新的内容。①

2. 马克思主义中国化的科学内涵

马克思主义中国化，就是将马克思主义基本原理同中国具体实际相结合。具体地说，就是把马克思主义的基本原理更进一步地和中国实践、中国历史、中国文化结合起来，使马克思主义在中国实现民族化和

① 《毛泽东思想和中国特色社会主义理论体系概论》，高等教育出版社 2013 年版，第 3 页。

具体化。马克思主义基本原理同中国具体实际相结合的过程，一方面是在实践中学习和运用理论，用理论指导实践的过程；另一方面又是在总结实践经验的基础上深化对理论的认识并丰富和发展理论的过程。

第一，马克思主义中国化就是运用马克思主义解决中国革命、建设和改革发展的实际问题。旧中国是一个半殖民地半封建的东方大国，农民占人口的绝大多数，经济和文化都比较落后。在这样的条件下进行革命，必然遇到许多特殊的复杂问题，靠背诵马克思主义一般原理和照搬外国经验，不可能解决这些问题。同样的，在中国进行社会主义建设和改革，也不能把马克思主义当作教条，更无法照抄别人的经验。要真正运用马克思主义来指导中国革命、建设和改革，必须紧密结合中国国情和时代条件，寻找适合中国实际的道路，制定正确的方略。马克思主义中国化，就是为了解决中国的具体问题，把马克思主义应用到中国具体环境的具体斗争中去，使马克思主义在中国具体化，从而用“具体的马克思主义”来指导中国的具体行动。

第二，马克思主义中国化就是把中国革命、建设和改革发展的实践经验和历史经验提升为理论。马克思主义中国化不是关起门来搞纯粹的理论工作，而是运用马克思主义的立场、观点和方法来解决中国的实际问题，它的基础是中国人民的实践。在解决中国实际问题的过程中，必然会产生许多具有独创性的实践经验，通过对这些经验的总结和提炼，就会创造出新的东西，从而丰富和发展马克思主义。马克思主义中国化还包括要运用马克思主义的立场、观点和方法去总结中国的历史经验。毛泽东曾经指出：今天的中国是历史的中国的一个发展；我们是马克思主义的历史主义者，我们不应当割断历史。从孔夫子到孙中山，我们应当给予总结，继承这一份珍贵的遗产。这对于指导当前的伟大的运动，是有重要帮助的。中国是一个有着几千年文明历史的大国，积淀着丰富的历史经验，在马克思主义的指导下，把这些历史经验加以认真的概括和提炼，为马克思主义理论宝库增加了新的内容。要实现马克思主义中国化，应该了解和懂得中国的历史状况和社会状况、中国的特点、中国社会的发展规律，达到对于马克思主义的理论和中国的实践之完整的、统一的、深入的理解和把握。

第三，马克思主义中国化就是把马克思主义植根于中国的优秀文化之中，“和民族的特点相结合，经过一定的民族形式”表现出来。马克思主义作为一种外来思想文化传入中国，要使它能为中国人民广泛接受，并在实践中发挥指导作用，必须寻找到一种为中国人民所能理解和接受的民族形式。马克思主义中国化既不是对马克思主义的照搬，也不是对中国文化的复制，而是将马克思主义的基本原理同中国文化中的优秀成分结合进而达到融合。在这个过程中，以马克思主义为指导，对中国文化进行认真的清理，剔除其糟粕，吸收其精华，又用中国优秀文化的表达方式和中国老百姓所喜闻乐见的语言形式，来深入浅出地阐明马克思主义的基本原理。这样做的结果，就使马克思主义植根于中国优秀文化的土壤之中而得以生长和繁荣起来。[①]

概括地说，马克思主义中国化就是用马克思主义来解决中国的问题，同时又使中国丰富的实践经验上升为理论，并且同中国的历史传统、中国的优秀文化相结合，以形成具有中国特性、中国作风的中国化的马克思主义理论。

① 《毛泽东思想和中国特色社会主义理论体系概论》，高等教育出版社 2013 年版，第 5 页。

（二）马克思主义中国化的历史进程

马克思主义中国化是一个历史过程，即马克思主义的基本原理同中国的具体实际日益结合的过程。在一定意义上，中国共产党的历史就是一部探索马克思主义中国化，并在实践中不断推进马克思主义中国化的历史。

在领导中国革命和建设的过程中，以毛泽东为主要代表的中国共产党人，把马克思列宁主义的基本原理同中国革命和建设的具体实际结合起来，创立了毛泽东思想，第一次实现了马克思主义的中国化。在毛泽东思想指引下，中国共产党领导全国各族人民，取得了新民主主义革命的胜利，建立了中华人民共和国；进行了社会主义改造，确立了社会主义基本制度；发展了社会主义的经济、政治和文化，初步探索了社会主义建设的道路。[①]

十一届三中全会以来，以邓小平为主要代表的中

---

① 《毛泽东思想和中国特色社会主义理论体系概论》，高等教育出版社 2013 年版，第 6 页。

国共产党人，在总结国内外社会主义建设的历史经验特别是改革开放以来的新鲜经验的基础上，以搞清楚“什么是社会主义、怎样建设社会主义”为首要的基本理论问题，逐步形成了建设中国特色社会主义的路线、方针、政策，阐明了在中国建设社会主义、巩固和发展社会主义的基本问题，创立了邓小平理论，开辟了建设中国特色社会主义的正确道路，推进了马克思主义的中国化。十三届四中全会以来，以江泽民为主要代表的中国共产党人，根据国内外形势和党的历史方位的新变化，进一步回答了什么是社会主义、怎样建设社会主义的问题，创造性地回答了建设什么样的党、怎样建设党的问题，深化了对中国特色社会主义的认识，创立了“三个代表”重要思想，实现了党的指导思想的又一次与时俱进，从而进一步推进了马克思主义的中国化。十六大以来，以胡锦涛为总书记的党中央紧密结合新世纪新阶段国际国内形势的发展变化，提出了科学发展观，继续推进着马克思主义中国化的发展进程。

马克思主义中国化的各个理论成果，既一脉相承，又与时俱进，是一个统一的科学思想体系，它们辩证统一于中国革命、建设和改革的伟大历史实践中，不断开拓着马克思主义在中国发展的新境界。这个进程还在继续之中，它将随着中国特色社会主义实践的发展而进一步发展。

（三）马克思主义中国化的理论成果

1. 毛泽东思想

马克思主义中国化的第一个重大理论成果是毛泽东思想。它是马克思列宁主义在中国的运用和发展，是被实践证明了的关于中国革命和建设的正确的理论原则和经验总结，是中国共产党集体智慧的结晶。

毛泽东思想是在我国新民主主义革命、社会主义革命和社会主义建设的实践过程中，在总结我国革命和建设正反两方面历史经验的基础上，逐步形成和发展起来的。毛泽东思想的形成和发展有其深刻的时代背景和实践基础。

毛泽东思想不是在个别的方面，而是在许多方面以其独创性理论丰富和发展了马克思列宁主义，构成一个博大精深的科学思想体系。它有着坚实的中国化马克思主义哲学思想的理论基础，其核心和精髓就是实事求是。它紧紧围绕着中国革命和建设这个主题，提出了一系列相互关联的重要的理论观点。这些理论观点经过了中国革命和建设长期实践的检验，证明它是颠扑不破的科学真理。

毛泽东思想的科学体系包含着丰富的内容：新民主主义革命理论、社会主义革命和社会主义建设理论、革命军队建设和军事战略的理论、政策和策略的理论、思想政治工作和文化工作的理论、党的建设理论。除了上面讲的几个方面外，毛泽东思想体系中还有关于国际战略和外交工作思想方法及工作方法的理论，等等。

毛泽东思想将长期指导我们的思想和行动。它是马克思主义中国化第一次历史性飞跃的理论成果，是中国革命和建设的科学指南，是中国共产党和中国人民宝贵的精神财富。

2. 邓小平理论

邓小平理论是马克思主义中国化的第二个重大理论成果。它是马克思列宁主义的基本原理同当代中国实践和时代特征相结合的产物，是毛泽东思想在新的历史条件下的继承和发展，是马克思主义在中国发展的新阶段，是当代中国的马克思主义，是中国共产党集体智慧的结晶。

邓小平理论是在和平与发展成为时代主题的历史条件下，在我国改革开放和现代化建设的实践中，在总结我国社会主义胜利和挫折的历史经验并借鉴其他社会主义国家兴衰成败的历史经验的基础上，逐步形成和发展起来的。

邓小平理论是马克思主义中国化第二次历史性飞跃的理论成果。它同样有一个贯穿始终的哲学思想，就是解放思想、实事求是的世界观和方法论，这是邓小平理论的精髓。围绕“什么是社会主义、怎样建设社会主义”这个首要的基本理论问题，邓小平提出了一系列互相联系的基本观点，第一次比较系统地初步回答了中国社会主义的发展道路、发展阶段、根本任务、发展动力、外部条件、政治保证、战略步骤、领导力量和依靠力量、祖国统一等一系列基本问题，指导我们党制定了在社会主义初级阶段的基本路线。这些基本观点的真理性已经被中国改革开放和社会主义现代化建设的成功实践所证明。

邓小平理论的科学体系包含着丰富的内容：社会主义本质理论；社会主义初级阶段理论；社会主义改革开放理论；社会主义市场经济理论。除了上面指出的几个方面外，邓小平理论体系中还包括社会主义现代化发展战略、社会主义民主政治建设、社会主义精神文明建设、统一战线、军队和国防建设、社会主义国家外交战略、祖国完全统一、党的建设等理论。邓小平理论是贯通哲学、政治经济学、科学社会主义等领域，涵盖经济、政治、文化、党的建设等方面比较完备的科学体系，又是需要从各个方面进一步丰富发展的科学体系。

邓小平理论集中反映了中国共产党对中国社会主义建设规律的认识，具有鲜明的时代精神和民族精神，是中华民族振兴和发展的强大精神支柱。它是马克思主义中国化第二次历史性飞跃的理论成果，是改革开放和社会主义现代化建设的科学指南，是党和国家必须长期坚持的指导思想。

3. “三个代表”重要思想

“三个代表”重要思想是马克思主义中国化的第三个重大理论成果。它是对马克思列宁主义、毛泽东思想、邓小平理论的继承和发展，反映了当代世界和中国的发展变化对党和国家工作的新要求，是加强和改进党的建设、推进我国社会主义自我完善和发展的强大理论武器，是中国共产党集体智慧的结晶。

20 世纪 80 年代末以来，尽管我们所面临的时代主题、主要矛盾和主要任务没有根本性的改变，但是国际、国内和党内的情况都发生了重大的变化，党所处的地位和环境、党所肩负的历史任务、党的自身状况，都出现了许多新的情况。中国共产党历经革命、建设和改革，已经从领导人民为夺取全国政权而奋斗的党，成为领导人民掌握全国政权并长期执政的党；已经从受到外部封锁和实行计划经济条件下领导国家建设的党，成为实行对外开放和发展社会主义市场经济条件下领导国家建设的党。"三个代表"重要思想就是在科学判断党的历史方位的基础上提出来的。

"三个代表"重要思想在形成和发展的过程中，紧密结合新的实践，把治党和治国、执政和为民结合起来，在改革发展稳定、内政外交国防、治党治国治军各个方面，提出了一系列紧密联系、相互贯通的新思想、新观点、新论断。这一系统的科学理论在建设中国特色社会主义的思想路线、发展道路、发展阶段、发展战略、根本任务、发展动力、依靠力量、国际战略、领导力量和根本目的等重大问题上都有新的丰富和发展。"三个代表"重要思想，在邓小平理论的基础上，进一步回答了什么是社会主义、怎样建设社会主义的问题，创造性地回答了建设什么样的党、怎样建设党的问题，集中起来就是深化了对中国特色社会主义的认识。

“三个代表”重要思想作为中国共产党必须长期坚持的指导思想，在理论和实践上都有着重要的历史地位和指导意义。它是面向21世纪的中国化的马克思主义，是全面建设小康社会的根本指针，是加强和改进党的建设、推进我国社会主义自我完善和发展的强大理论武器。

4. 科学发展观

科学发展观是对马克思列宁主义、毛泽东思想、邓小平理论和“三个代表”重要思想关于发展思想的继承和发展，是在准确把握世界发展趋势、认真总结我国发展经验、深入分析我国发展阶段性特征的基础上提出的，是对经济社会发展一般规律认识的深化，是马克思主义关于发展的世界观和方法论的集中体现。它的第一要义是发展，核心是以人为本，基本要求是全面协调可持续发展，根本方法是统筹兼顾。

科学发展观反映了时代进步的要求，体现了实践发展的需要，是指导全面建设小康社会、加快推进社会主义现代化的强大思想武器，进一步推进了马克思主义在当代中国的新发展。

（四）马克思主义中国化的重要意义

第一，马克思主义中国化的理论成果指引着党和人民的伟大事业不断取得胜利。没有革命的理论就没有革命的实践。在毛泽东思想的指引下，中国共产党领导全国各族人民，经过长期的反对帝国主义、封建主义、官僚资本主义的革命斗争，取得了新民主主义革命的胜利，建立了中华人民共和国；新中国成立以后，成功地进行了社会主义改造，完成了从新民主主义到社会主义的过渡，确立了社会主义基本制度，发展了社会主义的经济、政治和文化。在毛泽东思想、邓小平理论和“三个代表”重要思想的指引下，我国又不断推进了中国特色社会主义建设和改革的进程，国民经济持续快速健康发展，改革开放取得丰硕成果，社会主义民主政治和精神文明建设成效显著，祖国统一大业取得新进展，人民生活总体上达到小康水平。在新世纪新阶段，党领导全国各族人民全面落实科学发展观，构建社会主义和谐社会，正朝着实现富强民主文明和谐的社会主义现代化目标迈进。实践证明，如果离开了马克思主义中国化的不懈探索，离开了马克思主义中国化理论成果的指引，我们的实践就会陷入盲目性，我们的事业就会遭受挫折和失败。

第二，马克思主义中国化的理论成果提供了凝聚全党和全国各族人民的强大精神支柱。一个民族，一个国家，如果没有自己的精神支柱，就等于没有灵魂，就会失去凝聚力和生命力。在当代中国，中国化的马克思主义理论是全党和全国各族人民的精神支柱。马克思主义中国化的各个理论成果，代表着中国最广大人民在不同历史时期的意志和愿望，是中华民族优秀文化和伟大智慧的结晶，是凝聚党心民心的强大精神力量，是一定历史条件下中华民族智慧的最高表现和理论上的最高概括。特别是在世界多极化和经济全球化的今天，我们面临着很多的困难和极大的挑战，更需要用中国化的马克思主义来统一思想、凝聚人心、凝聚力量。只有这样，中华民族才能以崭新的面貌自立于世界民族之林。

第三，马克思主义中国化不断开拓着马克思主义在中国发展的新境界。马克思主义中国化进程中形成的理论成果，是马克思主义与中国不同时期实践相结合的产物，体现了理论与实际的统一。坚持与发展的统一，既反对轻视甚至背离马克思主义的错误倾向，又反对教条式地对待马克思主义和静止地、孤立地研究马克思主义的错误倾向。它们为马克思主义的理论宝库增添了许多新的内容。它们的形成和发展，既反映了马克思主义基本理论在中国的传承，又体现了马克思主义是一个不断发展的、开放的、动态的科学体系。它们不但以新的形态发展了马克思主义，而且展示了马克思主义所固有的强大生命力。[①]

① 《毛泽东思想和中国特色社会主义理论体系概论》，高等教育出版社 2013 年版，第 7 页。

二、毛泽东思想是马克思主义中国化第一次历史性飞跃的集中成果

毛泽东思想是中华民族 20 世纪最辉煌的精神成果，它的产生和发展是近代以来中国社会、经济和政治发展的必然反映，是在中国共产党领导的革命斗争实践中形成和发展起来的，是中国共产党人把马列主义普遍真理同斗革命具体实践不断紧密结合的过程中形成和发展起来的。毛泽东思想是马克思主义中国化的第一次历史性飞跃，是被实践证明了的适合中国革命和建设的正确的理论原则和经验总结，是中国共产党集体智慧的结晶，是全党的宝贵精神财富。

（一）毛泽东思想形成发展的过程

理论来源于实践，毛泽东思想的形成和发展同中国革命和建设的历史进程息息相关。毛泽东思想是在中国共产党领导的革命实践中形成和发展起来的，是在把马列主义普遍真理同中国革命具体实践不断紧密结合的过程中形成和发展起来的。党领导人民进行革命和建设实践的历史，就是毛泽东思想形成和发展的历史。

1. 萌芽阶段（1921—1927）

1921 年中国共产党成立后，共产党人就积极投身于实际的革命斗争中，领导了工人运动、农民运动，和国民党携手进行反帝反封建的革命斗争，实现第一次国共合作。在这一时期，毛泽东发表了《中国社会各阶级的分析》和《湖南农民运动考察报告》等文章，这些文章集中代表了中国共产党人在这个时期理论探索的成果，因而成为毛泽东思想萌芽的标志。在这个阶段的革命斗争中，中国共产党人以马克思主义为指导，探索中国革命的规律，在中国社会性质及中国革命性质、任务、对象、动力等基本问题上进行了理论思考和研究，并取得了一些理论成果。这主要表现在：

第一，中国社会的性质和中国革命的任务。1922年召开的中国共产党第二次全国代表大会制定了党在民主革命阶段的反帝反封的纲领，提出了中国革命最迫切的任务：一是推翻国际帝国主义的压迫，达到中华民族的完全独立；二是消除内乱，打倒军阀，建立国内和平，在此基础上实现中国的统一，建立真正的民主共和国。制定正确的纲领。中国社会的性质和中国革命的任务是中国革命的一个基本问题。这个问题的正确解决，是中国共产党把马克思列宁主义和中国实际初步结合的重大成果。

第二，中国革命的领导者。1925年召开的中国共产党第四次全国代表大会明确提出了无产阶级领导权的思想。这次会议还阐明了新民主主义革命的基本思想，为迎接以五卅运动为标志的大革命高潮的到来，做了政治上、思想上和组织上的准备。这次会议前后，毛泽东、周恩来等论述了无产阶级是民主革命领导阶级的思想。

第三，农民在中国革命中的地位与作用。1925

年召开的中共四大指出：农民“天然是工人阶级的同盟者”。1925 年李大钊发表《土地与农民》一文，提出“耕地农有”的口号，把工农联盟问题同农民的土地问题联系起来。毛泽东为了答复当时党内外对农民革命斗争的责难，于 1927 年到湖南考察后写成了《湖南农民运动考察报告》。毛泽东指出中国无产阶级的最广大和最忠实的同盟军是农民，解决了中国革命中的最主要的同盟军问题。

第四，中国革命的对象和策略。1923 年召开的中国共产党第三次全国代表大会确立了同孙中山领导的国民党建立联合战线的策略。1925 年召开的中共四大明确将中国资产阶级划分官僚买办资产阶级和民族工业资产阶级两部分。1925 年毛泽东发表《中国社会各阶级的分析》。中共四大则初步提出了统一战线中扩大左派、争取中派、反对右派的思想。①

虽然大革命时期中国共产党还处在幼年阶段，理论准备不足，革命经验缺乏，但新民主主义革命基本思想已经形成，标志着党开始了将马克思列宁主义普遍原理同中国革命具体实际的初步结合，为毛泽东思想的形成和发展奠定了基础。

---

① 王骏飞、郭丹：《马克思主义中国化的历史进程简明读本》，新华出版社 2012 年版，第 48 页。

在党的创建和大革命时期，共产国际基本上正确地指导中共制定政策与策略，使党在伟大的革命运动中得到了初步锻炼，但是，按照共产国际的组织原则，共产国际是“世界性的共产党，在各国工作的党只是它的独立支部而已”，中共作为其下属的一个支部，必须无条件地遵守最严格的国际纪律，执行共产国际的一切决议，并接受共产国际派出的具有广泛权力的全权代表的监督和指导。这种强加于人的近乎包办代替的领导体制，严重地制约了中国共产党独立自主性的发挥。共产国际至高无上的领导权威，使处于幼年期的从思想理论素质到实际领导能力都比较弱化的中国共产党更加不甚懂得将马克思主义与中国实际有机结合，愈发失去独立思考和创新力，在共产国际的指挥下亦步亦趋。当时，“革命运动的兴起，统一战线内部阶级斗争的尖锐化，要求中国共产党对于现阶段中国革命的许多基本问题，作出马克思主义的回答。”自五卅运动前后起，瞿秋白、邓中夏、蔡和森、恽代英等人相继发表文章，就革命的领导者、主力军、对象、性质和前途等重大问题予以论述。特别是毛泽东，集中了党内的正确主张，发表了《中国社会各阶级的分析》、《湖南农民运动考察报告》等光辉著作，初步提出了中国民主革命（实际上是新民主主义革命）的基本思想。只是由于诸多因素的限制，毛泽东等人的探索刚刚开始，且在党内不占主导地位，但毕竟马克思主义与中国实际相结合的新民主主义革命思想初步形成了，马克思主义中国化蹒跚起步了。总体而言，共产国际脱离实际的教条主义和高度集中的领导体制，生搬硬套俄国的革命模式，对资产阶级右派势力的反共倾向只强调团结不主张斗争，放弃了无产阶级对统一战线的领导权，尤其是放弃了中共对武装力量的领导权，助长了陈独秀右倾机会主义错误，致使轰轰烈烈的大革命运动归于失败，党和革命事业遭受重创，严重地滞缓了中共第一代成熟的领导集体的形成，也使马克思主义中国化基本处于萌芽状态而没能迈出实质性的步伐。

2. 形成阶段（1927—1935）

大革命失败后，一连串的有关中国革命发展道路的问题尖锐地提了出来，迫使中国共产党人开始思考。以毛泽东为代表的共产党人，把马克思主义与中国的实际结合起来，成功地解决了中国革命的一系列基本问题。20 世纪在 20 年代后期和 30 年代前期，党在自身建设、人民军队建设、革命根据地建设、土地革命等方面都取得了丰富的经验，农村包围城市、武装夺取政权的革命道路已经基本形成了，马克思主义的思想路线已经提出来了，这标志着毛泽东思想已经开始形成了。

在 1927—1935 年间，由于共产国际对中共实行严密的思想禁锢和组织控制，致使从大革命失败中走来的本来就不很成熟不很强健的中国共产党愈发地机械教条，中共中央连续三次犯了严重的“左”倾错误。同时，中共党内军内自身也存在着比较严重的错误思想，比如红军中当时就明显存有诸如单纯军事观点、极端民主化、非组织观点、主观主义、个人主义、流寇思想等各种错误思想，红四军高层之间意见分歧，林彪还散发一封对红军前途究应如何估计的征求意见信，发出“红旗到底打得多久？”的疑问，体现了党内一些同志对时局估量的悲观思想。面对如此严峻形势，以毛泽东为主要代表的中国共产党人顶住党内盛行的把马克思主义教条化，把共产国际指示神圣化，把苏联经验绝对化的强大压力，坚持从实际出发，把马列主义的基本原理与中国革命的具体实际相结合，反对本本主义，破除迷信，解放思想，实事求是，坚持真理，开拓创新，总结井冈山革命根据地独创性经验和反“围剿”斗争中形成的切实有效的战略方针与战略战术原则，终于艰难地创立了“农村包围城市、武装夺取政权”的中国特色革命道路理论，使毛泽东思想得以初步形成。具体分析：

一是创立中国特色革命道路理论，促使了毛泽东思想的初步形成。教条主义者盲目推行“国际路线”，而毛泽东则主张一切从中国国情出发，理论联系实际，因此一直遭到错误批评和指责，特别是在王明“左”倾教条主义统治全党的年代里，毛泽东更是受到严厉的批判和打击。比如，在1931年11月召开的赣南会议上，毛泽东关于土地革命路线中的正确的富农政策被主张“地主不分田、富农分坏田”的苏区中央局指责为“狭隘的经验主义”、“富农路线”、“极严重的一贯右倾机会主义”，其军事思想也被不点名地批评为“狭隘的经验论”、“游击主义”，因此被变相地实际撤销了红一方面军总政委职务，剥夺了毛泽东对中央红军的领导权。在1932年10月召开的宁都会议上，毛泽东在红军中实行的积极防御和“诱敌深入”的战略方针及战略战术原则，被指为“右倾主要危险”、“消极怠工”、“守株待兔”，毛泽东被调回后方主持临时中央政府工作，再次被撤销红军总政委职务，实际上被彻底排挤出了红军最高领导层。毛泽东虽屡遭打击，但仍始终坚持马列主义与中国革命实际相结合的原则，从中国国情出发，总结中国革命的独特经验，提出符合中国革命实际的理论原则和新的结论。正是在这一思想理论指导下，毛泽东于 1928 年 10 月～11 月间撰写了《中国的红色政权为什么能够存在?》、《井冈山的斗争》，1929 年 12 月撰写了《关于纠正党内的错误思想》，1930 年 1 月撰写了《星星之火，可以燎原》等光辉著作，创造性地提出了在中国的条件下，引导革命走向胜利的航向。这主要是在无产阶级领导下，以农村为主要阵地，以农民为主力军，经过长期武装斗争，以农村包围城市最后夺取全国胜利的革命道路。这是一条中国式的独特革命道路，是马列主义与中国革命实际相结合的光辉典范。它既遵循了从巴黎公社到十月革命所提供的武装夺取政权的普遍经验，又从中国的国情出发，开创了与俄国十月革命不同的，即不是先占领城市后占领农村，而是走农村包围城市，然后夺取全国政权的新道路。它是在马列主义普遍原理指导下，立足中国的特殊国情，反映中国革命特点和规律的引导革命走向胜利的新道路，在斗争实践中丰富和发展了马克思列宁主义。这表明中国化的马克思主义即毛泽东思想已开始形成。

二是率先举起反对教条主义的旗帜，初步提出了党的实事求是思想路线。在土地革命战争中前期，中共中央“左”倾领导者不顾中国革命实际，机械搬用共产国际决议和苏联经验，犯了教条主义错误，使革命事业遭受了严重的挫折。在这种情况下，敢不敢同教条主义作斗争，能不能把马列主义的普遍原理同中国革命具体实践相结合，就成为把马克思主义中国化，把中国革命引向胜利的关键。毛泽东以无产阶级革命家的胆略和马克思主义的理论勇气，率先吹响了反对本本主义的号角，坚决地抵制共产国际的错误指导，批判当时在党内居统治地位的“左”倾教条主义。1930 年 5 月，毛泽东撰写了《反对本本主义》(原名《调查工作》) 一文，这是我党第一篇反对教条主义的重要文献，更是向教条主义发出的战斗檄文。在这一著作中，毛泽东针对教条主义者“唯上”、“唯书”、“不唯实”的特点，尖锐地批评了那种轻视中国革命实践、轻视群众斗争经验，以为上了书的就是对的，开口闭口“拿本本来”，动辄照抄照搬国际经验的错误倾向，运用辩证唯物主义与历史唯物主义观点深刻指出：“共产党的正确而不动摇的斗争策略，决不是少数人坐在房子里能够产生的，它是要在群众的斗争过程中才能产生的，这就是说要在实际经验中才能产生。”因此，不能认为只要遵守第六次党代表大会的“本本”办法就无往而不胜利，“这些想法是完全错误的，完全不是共产党人从斗争中创造新局面的思想路线，完全是一种保守路线。”“我们说上级领导机关的指示是正确的，绝不是因为它出于‘上级领导机关’，而是因为它的指示内容，是适合于斗争中客观和主观情势的，是斗争所需要的。”“我们说马克思主义是对的，决不是因为马克思这个人是什么‘先哲’，而是因为他的理论，在我们的实践中，在我们的斗争中，证明了是对的。”因此，“单纯建立在‘上级’观念上的形式主义的态度是很不对的。”“马克思主义的‘本本’是要学习的，但是必须同中国的实际情况相结合，我们需要‘本本’，但是一定要纠正脱离实际情况的本本主义。”这里，毛泽东明确地区别了什么是马克思主义，什么是教条主义，肯定了马克思主义的本本，批评了教条主义的本本主义。毛泽东还从思想路线的高度，揭露了教条主义对于中国革命的危害，指出“离开实际调查就要产生唯心的阶级估量和唯心的工作指导，那末，它的结果，不是机会主义，便是盲动主义”，并且提出了“没有调查，没有发言权”的著名论断，从而得出“中国革命斗争的胜利要靠中国同志了解中国情况”的重要结论。这实际上也是对共产国际那种不顾各国革命实际情况而发号施令的瞎指挥的作风的一种批评。这样，毛泽东不但在中国共产党内初步提出了独立自主，一切从实际出发，调查研究，理论和实际相结合的思想路线，而且为中国共产党人从教条主义的束缚中、从对共产国际和苏联经验盲目的迷信中解放出来，提供了理论依据，为坚持马列主义与中国革命实际相结合的原则，独立自主地解决中国革命问题，实现马克思主义中国化指明了方向。

三是在土地革命战争向抗日战争转变的新形势下，深刻总结了党的政治路线和军事路线。红军长征胜利到达陕北后，特别是华北事变后中日民族矛盾上升为主要矛盾，中国社会的阶级关系发生了深刻变化，新的形势迫切需要党进一步清算教条主义在党内的影响，使党能够根据变化了的情况制定新的革命战略和策略。正是在这一形势下，毛泽东从事了巨大的理论工作，系统地总结了我们党在两次革命战争中的胜利和失败的经验教训，从而在清算教条主义的斗争中，把马克思主义中国化的伟大事业又大大地向前推进了一步。1935 年 12 月，毛泽东在瓦窑堡党的活动分子会议上所作的《论反对日本帝国主义的策略》的报告，从政治策略上批判了党内教条主义者在新形势下所表现的关门主义的错误，初步提出了团结一切可以团结的力量，建立抗日民族统一战线的主张。而

1936 年 12 月，毛泽东在红军大学所作的《中国革命战争的战略问题》的讲演，则着重从军事路线上，对“左”倾教条主义进行了批判。此文是毛泽东为总结第二次国内革命战争时期红军三次反“围剿”中的军事斗争经验而写的，认为“左”倾领导者之所以在军事领导和战略战术上犯了一系列错误，其根本原因在于他们在对待战争问题上的错误态度，因此要正确地研究战争和指导战争的问题，“一切战争指导规律，依照历史的发展而发展，依照战争的发展而发展，一成不变的东西是没有的。”其二在于他们不懂得中国革命战争的特点，因此要正确地认识和分析中国革命战争的特点，“中国革命战争的许多方面都有其自己的不同于苏联内战的特点。”“不了解中国革命战争的特点，就不能指导中国革命战争，就不能引导中国革命战争走上胜利的途径。”其三在于他们不甚懂得战略防御问题，才造成了战争的失败，殊不知正是中国革命战争“这些特点，规定了中国革命战争的指导路线及其许多战略战术的原则”，因此提出了积极防御、战略退却、战略反攻、集中兵力、运动战速决战歼灭战的战略战术等重要原则，形成了关于中国革命战争的一系列战略战术。这是指导我军战胜敌人的强大思想武器。

四是从哲学的高度为确立党的思想路线，为实现马克思主义中国化奠定了理论基础。全国抗日战争爆发前夕，为了从思想认识根源上清理理论与实践相割裂的主观主义，特别是囿于马克思主义本本和共产国际决议的教条主义，总结两次国内革命战争的历史经验，制定和贯彻正确的路线和政策，动员和组织千百万群众和一切可以团结的力量参加伟大的抗日民族解放战争，在 1937 年 7 月和 8 月，毛泽东在抗日军政大学先后作了题为《实践论》和《矛盾论》的著名讲演，从马克思主义的认识论和方法论的高度，批判了“左”的和右的机会主义，特别是“左”倾教条主义。其中心思想是从马克思主义哲学角度，论证了理论与实践相统一的关系，强调实践在认识运动中的地位与作用；强调事物的对立统一是唯物辩证法的根本法则，矛盾的普遍性寓于特殊性之中，具体问题具析分析是马克思主义的活的灵魂。毛泽东尖锐地指出：“机会主义和冒险主义，都是以主观与客观相分裂，以认识和实践相脱离为特征的。”因此，要求中国共产党人必须运用马克思主义基本原理和方法，从中国特殊国情出发，总结中国革命独创性经验，找出中国革命的特殊规律，概括出符合实际的理论原则，使马克思主义具有中国特点。《实践论》和《矛盾论》在清算教条主义的同时，深刻地阐述了马克思主义辩证唯物主义的基本原理，成为我党在新的形势下制定正确路线、方针和政策的理论基础。从这个意义上讲，它既为党的思想路线作出哲学论证，也从哲学上为毛泽东思想科学理论体系形成和马克思主义中国化奠定了坚实的理论基础，表明毛泽东对马克思主义中国化的认识达到了完全自觉的高度。

3. 成熟阶段（1935—1945）

从土地革命战争后期到抗日战争时期，是毛泽东思想成熟的时期，并被确立为党的指导思想。在这一时期，中国共产党人形成了系统的哲学思想、军事思想、党的建设思想和统一战线思想，提出了崭新的新民主主义理论。毛泽东思想在这一时期能够走向成熟具有多方面的原因。

（1）革命形势的需要

伟大的抗日战争为党的理论创新提供了新的重要的历史条件。抗战爆发后，大量的新问题摆在中国共产党人面前，需要加以解决，这就迫使以毛泽东为代表的共产党人运用马列主义理论解决中国所面临的一系列的新问题。抗日战争的重大转折提出一系列新的重大问题，需要把马克思主义中国化，以中国化的马克思主义来指导。抗日战争爆发后，中国社会的主要矛盾已经由国内阶级矛盾变为日本帝国主义与中华民族的矛盾，阶级矛盾成为次要矛盾。最大的特点是民族矛盾与阶级矛盾两个矛盾并存，民族解放与民主革命两个任务并存，国民党和共产党两个领导中心并存。这些新特点给中国共产党提出了一系列崭新的重大课题。

首先，在军事上，面对的敌人不是一般的帝国主义而是带有浓厚封建色彩的军事法西斯主义的侵略，其特点是野蛮、凶恶、残暴。中国方面抗战的军事力量绝大部分又掌握在国民党手里，而它又推行片面抗战路线。共产党领导下的人民军队数量既少装备又差，物质供应匮乏。从战争性质来说中国是正义的，具有绝对优势。这就为如何以弱胜强，实行什么样的军事方针和战略与战术原则，提出新的重大课题。

其次，在政治上，抗日战争内部营垒、民族统一战线内部存在着左中右三种势力和两条路线的矛盾与斗争。由于国民党在“战必败、和必乱、战而后和、和而后安”的思想动机下勉强联共抗日，因而它推行片面路线和两面政策。这种复杂的斗争关系，对中国共产党如何以马克思主义为指导，正确处理民族矛盾与阶级矛盾的关系，坚持统一战线，完成民族解放大业，提出了新的重大课题。

最后，在党的建设上，中国共产党的组织规模在抗日战争中发展迅猛，从在狭小的农村革命根据地和白区的地下组织，发展为全国范围的广大群众性的大党。由于新党员猛增，他们虽然具有强烈的爱国热忱、抗日救国勇于献身的精神，然而不少人对党的指导思想、奋斗目标不甚了解，主观主义、自由主义、个人主义等非无产阶级思想还大量存在。这就对如何加强党的建设，如何正确处理党内矛盾、开展党内斗争，把共产党真正建设成为能够肩负起领导抗日战争的历史重任、成为各族人民的领导核心的坚强的马克思主义政党，提出了新的重大课题。

(2) 实践经验的科学总结

抗日战争时期，中国共产党对总结历史经验的重要性有了新认识。从建党到抗战，我们经历了两次胜利、两次失败，积累了丰富的历史经验。毛泽东在正确总结两次国内革命战争正反两方面经验的基础上，根据新的形势、新的情况和现实斗争的新经验，进一步丰富和发展了关于统一战线、武装斗争和党的建设的理论和政策。毛泽东在《〈共产党人〉发刊词》等文章中，对这三个问题从整体上及其相互关系上给予了完整的概括。他指出："在十八年党的历史中，凭借我们丰富的经验，……我们已经能够对这三个问题做出正确的结论来了。就是说，我们已经能够正确地处理统一战线问题，又正确地处理武装斗争问题，又正确地处理党的建设问题。也就是说，十八年的经验，已使我们懂得：统一战线，武装斗争，党的建设，是中国共产党在中国革命中战胜敌人的三个法宝，三个主要的法宝。这是中国共产党的伟大成绩，也是中国革命的伟大成绩。”

关于抗日民族统一战线。抗日战争是在中国共产党倡导的以国共合作为基础的抗日民族统一战线旗帜下进行的。抗日民族统一战线是国共两党有政权有军队的合作，但又没有一个两党合作的具体组织形式，也“没有一个为两党所共同承认和正式公布的政治纲领”，这就决定了抗日民族统一战线“不同于任何外国的统一战线，人民阵线等，也不同于中国历史上的统一战线，如第一次国共合作等，有它今天的中国的特点。”共产党在抗日民族统一战线问题上创造性地实现了马克思主义基本原理与中国抗日战争实际的紧密结合，坚持独立自主原则，坚持无产阶级对统一战线的领导权，坚持抗战、反对投降，坚持团结、反对分裂，坚持进步、反对倒退，并实行了发展进步势力、争取中间势力、孤立顽固势力的总方针和有理有利有节的斗争原则；总结了中国革命的新鲜经验，进行了理论创新。

关于武装斗争。抗日战争的主要特点是敌强我弱，正如毛泽东所指出的，日本“是一个强的帝国主义国家，它的军力、经济力和政治组织力在东方是一等的，在世界也是五六个著名帝国主义国家中的一个”；而中国“是一个半殖民地半封建国家”，“是一个弱国，我们在军力、经济力和政治组织力各方面都显得不如敌人”。为了战胜敌人，毛泽东创造性地运用军事辩证法，提出并深刻地阐述了持久战和“兵民是胜利之本”思想，提出实行正规军、地方武装与民众三结合的人民战争方针及战略与战役战术上的内线与外线、持久与速决、以少胜多与以多胜少、“集中优势兵力，各个歼灭敌人”等重要军事思想。他深刻地指出，中国必胜，日本必败，但有一个过程，要在战争过程中改变敌我力量对比；随着时间推移，中国的优势越加显著，日本劣势日益暴露，双方的优劣势朝着有利于中国方向发展。毛泽东还在正确分析敌、友、我三方面具体情况的基础上，提出实行党的军事战略的转变，即从国内正规战争向抗日游击战争的转变。把抗日游击战争提高到战略的高度是一个大创造，是具有独创性的马克思主义军事理论。

关于党的建设。抗日战争时期是中国共产党从幼年走上成熟的时期。抗日战争时期，中国共产党开展了整风运动，经过整风，党员素质普遍提高，形成了理论联系实际、密切联系群众、批评与自我批评的优良作风；通过领导抗日战争，培养和锻炼了一大批干部，极大地提高了党驾驭领导反侵略战争和正确处理民族矛盾和阶级矛盾关系的能力；特别是在党的思想理论建设方面，清算了主观主义，确立了马克思主义基本原则，重视调查研究，党的指导思想走向成熟；中国共产党得到迅速发展，党员由 3 万余人增加到 121 万余人。“我们的党，已经是一个全国范围的，广大群众性的，在思想上、政治上、组织上巩固的，有了自己领袖的马克思列宁主义的党。它在今天，就已经成为中国政治生活中的决定因素了。”

（3）有利的客观条件

抗战时期，中国共产党的生存发展环境有了很大的改观。陕甘宁边区成为中国共产党的大本营；抗日民族统一战线的建立，使中国共产党赢得了合法地位；边区的相对稳定使中国共产党获得了休养生息的机会。这一切有利的外部条件，为党从事理论研究、提升理论水平创造了必要的客观条件。

抗战时期党的外部政治环境明显好转，主要体现在党与共产国际的关系上。共产国际七大决定，“把自己活动的重心转移到为世界工人运动制定基本的政治和策略方针，在解决一切问题时都从每个国家的具体条件和特点出发，并一般应避免对各国共产党的内部组织事务进行直接干涉。”共产国际转变工作作风和领导方式，开始实行宽松政策，使长期受其思想禁锢和组织控制的中国共产党终于摆脱了被严密监控的命运，等于被解除了束缚头脑和手脚的绳索，获得了难得的独立自主权利。从此马克思主义中国化的闸门彻底地开启了。为了使全党切实肩负起领导抗日战争的历史重任，在六届六中全会上，毛泽东庄重地提出了“马克思主义中国化”的科学命题，并指出：“成为伟大中华民族之一部分而与这个民族血肉相连的共产党员，离开中国特点来谈马克思主义，只是抽象的空洞的马克思主义。因此，马克思主义的中国化，使之在其每一表现中带着中国的特性，即是说，按照中国的特点去应用它，成为全党亟待了解并亟须解决的问题。”

(4) 至关重要的主观条件

中国共产党的第一代领导集体初步形成后，经受着革命实践的检验，在斗争中得到锻炼和提高，日趋成熟与稳固。这为马克思主义中国化提供了最坚实最重要的政治保证和组织保证。

抗战时期，党在主观上已充分、深刻地认识到了理论对于革命的重要性，认识到早期理论准备不足对革命的危害性。第一，中国共产党一诞生，立即投入迅速高涨的实际革命运动，来不及从容地作理论的准备。第二，对统一战线特别是对国民党和资产阶级认识不够，对武装斗争认识不够。第三，第一次大革命失败后，党又立即投入武装起义，在农村、在偏远的山沟开辟根据地，进行土地革命战争，也未能从容地从理论上总结革命经验和探讨革命道路。第四，马克思主义的著作是外来的，学习和深入的掌握有许多困难。党的理论准备不足导致了下列问题的出现：一是形成两种错误倾向，即或过分强调实践或过分强调理论；对理论的判别能力和运用理论的能力比较低下；理论准备不足，实践又迫切需要，这就成为党的理论创新的一大动力。日益成熟的中国共产党对运用马克思主义指导中国革命即马克思主义中国化，对总结中国革命历史经验使之上升至思想理论高度即中国经验马克思主义化的重要性有了更深刻的认识和更高程度的自觉。

(5) 不可或缺的基础条件

抗战时期，党十分重视理论出版工作，翻译出版了大量马列主义著作，如《共产党宣言》、《法兰西内战》、《哥达纲领批判》、《〈资本论〉提纲》、《列宁选集》(1—18卷)、《斯大林选集》(1—5卷)等，从而形成了良好的理论氛围。党的理论创新主体正式形成，毛泽东是党的理论创新的主要推动者。毛泽东推动党的理论创新的最主要的代表著作就是他的《反对本本主义》、《中国革命战争的战略问题》、《实践论》、《矛盾论》、《论持久战》、《中国共产党在民族战争中的地位》、《〈共产党人〉发刊词》、《新民主主义论》等。党的重要领导人，如刘少奇、周恩来、朱德、任弼时、张闻天、王稼祥、陈云等，他们是党的理论创新的重要推动者。此外，艾思奇、李达、范文澜、胡乔木、陆定一、陶铸等一大批党的理论工作者也是党的理论创新群体中的一支重要力量。

抗战时期，党已把握了理论创新的实践途径。理论创新的原则，就是马列主义普遍原理和中国革命的具体实际相结合。理论创新的途径和方法，其一是重视调查研究。以中国革命的实际问题为中心进行调查，进行理论思考，是党和毛泽东进行理论创新的鲜明特色，是党的理论创新的优良学风。“没有调查就没有发言权”，“共产党领导机关的基本任务，就在于了解情况和掌握政策两件大事，前一件就是所谓认识世界，后一件就是所谓改造世界。”调查研究是马克思主义的灵魂，是党的理论创新的重要途径。其二是重视理论研究。毛泽东号召一切有相当研究能力的共产党员，都要研究马、恩、列、斯的理论，特别是党的中央委员和高级干部。在延安，毛泽东发愤读书，所读马列主义的书籍，包括马恩列斯的原著和阐述马克思主义哲学、经济学的著作，如《资本论》、《社会主义从空想到科学》、《列宁选集》、《两个策略》、《共产主义运动中的“左”派幼稚病》等。中央还设立了不少理论研究机构，如马列学院（马列研究院）、中央研究院、政治经济学研究会、马列主义研究会、中国问题研究会、党史研究会、哲学研究会等。理论研究的特点，一是研究主要集中在探讨马克思主义的实质和特征方面，着重把握马克思主义的基本立场、观点和方法；二是研究的重点集中在马克思主义哲学和社会发展史两个方面；三是着重研究马克思主义理论对中国革命有直接的指导作用的内容；四是在研究马列主义的同时，十分注重研究中国哲学、政治、文化思想及其发展史等。其三是重视党内思想教育。延安时期党内思想教育运动的一个重要方式，就是开展整风运动。这是党的理论创新一个十分重要的方式。

（6）形成了马克思主义中国化理论创新成果

抗战时期，党的理论创新的实践历程分为前后两

个阶段。第一阶段（1935—1938）：这一时期，党和毛泽东对大革命失败的经验教训进行了深入的理性思考和总结，并在反对王明右倾错误中，从理论和实践相结合的角度首次明确地提出了“马克思主义中国化”的号召。集中体现在《论反对日本帝国主义的策略》（1935 年 12 月），《中国革命战争的战略问题》（1936 年 12 月），《实践论》（1937 年 7 月），《矛盾论》（1937 年 8 月），《抗日游击战争的战略问题》（1938 年 5 月），《论持久战》（1938 年 5 月）等著作中。1938 年 10 月，毛泽东在六届六中全会上所做的政治报告中正式提出“马克思主义中国化”命题。第二阶段（1938—1945）：这一时期，毛泽东集全党智慧，写成了《〈共产党人〉发刊词》、《新民主主义论》、《论联合政府》等光辉论著。党和毛泽东全面地推进了马克思主义中国化的理论创新，并在把马克思主义与中国革命具体实践的结合中，创造性地形成了中国共产党人自己的理论体系——毛泽东思想。1945 年 4 月～6 月，中共七大经过修改的《中国共产党党章》中，对党的指导思想作出了明确的规定，指明中国共产党“以马克思列宁主义的理论与中国革命的实践之统一的思想——毛泽东思想为指导思想”，确立了毛泽东思想在全党的指导地位。毛泽东思想是对马克思列宁主义的重大发展，是马克思主义在世界东方的重大发展，具有世界性的重大意义；毛泽东思想是马克思主义中国化第一次历史性飞跃的理论结晶。毛泽东思想作为中国共产党几十年来领导中国革命的正确经验，被总结概括出来，并被明确确立为全党的指导思想，这是党长期以来坚持马克思主义中国化理论创新的最丰硕的理论成果。

4. 发展阶段（1945—1956）

抗日战争胜利后，中华民族又面临着建什么国的斗争。中国共产党力图通过和平的途径来建设一个独立、民主、富强的新民主主义中国，国民党统治集团企图抢夺抗战胜利果实，用内战的方式来剥夺人民已经取得的权利。一场关系中国走向光明还是黑暗的大决战不可避免。中国共产党运用马克思主义基本原理指引中国革命取得伟大成功，毛泽东思想在中国革命夺取全国胜利中得到重大发展。

中华人民共和国的成立，昭示着中国历史由此进入新的纪元。以毛泽东为代表的中国共产党人勇于实践、不断开拓，领导全党和全国人民进行建设新社会的新长征，毛泽东思想又得到了新的发展，主要表现在：关于恢复国民经济、实现国家财政经济状况基本好转的方针；关于由新民主主义向社会主义过渡的总路线；关于社会主义改造的理论原则。在社会主义改造时期，毛泽东提出了一系列社会主义改造的路线、方针和政策，其主要内容是：党在过渡时期的总路线和总政策是要在一个相当长的时期内，逐步实现国家的社会主义工业化，并逐步实现对农业、手工业和资本主义工商业的社会主义改造，以及关于资本主义工商业的社会主义改造、关于农业和手工业的社会主义改造的思想。

社会主义制度在中国确立后，以毛泽东为代表的中国共产党人，努力遵循马克思主义原则，为寻找一条适合中国国情的社会主义建设道路作了艰辛的探索，从而为毛泽东思想的科学体系增加了新的内容。毛泽东写了《论十大关系》、《关于正确处理人民内部矛盾的问题》等著作，晚年又提出了“三个世界”划分的理论。刘少奇、周恩来、朱德、陈云、邓小平作为第一代领导集体的重要成员，也从不同的层面对建设中国特色社会主义道路作出了艰辛的探索，提出了许多重要思想，使毛泽东思想在建国后得到继续发展和全面展开。[1]

---

① 王骏飞、郭丹：《马克思主义中国化的历史进程简明读本》，新华出版社 2012 年版，第 53 页。

（二）毛泽东思想的主要内容

毛泽东思想是以毛泽东为主要代表的中国共产党人，运用马克思主义的立场、观点和方法，紧紧围绕着中国革命和建设的主题提出了一系列重要的理论观点，包括新民主主义革命、社会主义革命和社会主义建设、革命军队建设和军事战略、政策和策略、思想政治工作和文化工作、党的建设等方面的理论，形成的适合中国情况的科学的指导思想。毛泽东思想是马克思列宁主义在中国的运用和发展，是被实践证明了的适合中国革命和建设的正确的理论原则和经验总结，是中国共产党集体智慧的结晶。

1. 新民主主义革命理论

以毛泽东为主要代表的中国共产党人，坚持马克思列宁主义基本原理与中国革命具体实际相结合，反对把马克思主义教条化，反对把共产国际决议神圣化的错误倾向，在总结中国革命经验的基础上，解决了中国革命面临的一系列重要问题，创立了具有中国特色的新民主主义革命理论。新民主主义革命理论是毛泽东思想达到成熟的主要标志。

毛泽东从中国的历史和现实状况出发，深刻研究中国革命的特点和中国革命的规律，发展了马克思列宁主义关于无产阶级在民主革命中的领导权的思想，创立了无产阶级领导的，工农联盟为基础的，人民大众的，反对帝国主义、封建主义和官僚资本主义的新民主主义革命的理论。其基本点：一是认为中国资产阶级包括依附于帝国主义的大资产阶级和既有革命要求又有动摇性的民族资产阶级。提出了无产阶级领导的统一战线要争取民族资产阶级参加，并且在特殊条件下把一部分大资产阶级也包括在内，以求最大限度地孤立最主要的敌人。在同资产阶级结成统一战线时，要保持无产阶级的独立性，实行又团结又斗争、以斗争求团结的政策；在被迫同资产阶级、主要是同大资产阶级分裂时，要敢于并善于同大资产阶级进行坚决的武装斗争，同时要继续争取民族资产阶级的同情或中立。二是认为由于中国没有资产阶级民主，革命只能以长期的武装斗争为主要形式。中国的武装斗争，是无产阶级领导的以农民为主体的革命战争，通过建立农村根据地，进行长期的革命斗争，发展和壮大革命力量。毛泽东指出，“统一战线和武装斗争，是战胜敌人的两个基本武器”，加上党本身的建设是中国共产党在中国革命中战胜敌人的三个主要的法宝。新民主主义革命理论，是反映中国新民主主义革命客观规律的完备的理论形态，是毛泽东思想达到成熟的主要标志。

2. 社会主义革命与建设理论

中国是一个经济文化落后、人口众多的国家，新中国成立初期实现社会主义的目标很难一蹴而就。中国共产党人结合我国实际，系统地回答了怎样过渡到社会主义这一根本问题，并确定实现社会主义必须分两步走，即经过新民主主义革命再转入社会主义革命。这一理论是毛泽东思想的重要组成部分，是中国共产党人对马克思列宁主义关于社会主义革命理论的丰富和发展。

毛泽东依据新民主主义革命胜利所创造的向社会主义过渡的经济政治条件，采取社会主义工业化和社会主义改造同时并举的方针，实行逐步改造生产资料私有制的具体政策，从理论和实践上解决了在中国这样一个占世界人口近四分之一的、经济文化落后的大国中建立社会主义制度的艰难任务。毛泽东提出的对人民内部的民主和对反动派的专政互相结合起来就是人民民主专政的理论，丰富了马克思列宁主义关于无产阶级专政的学说，为我国的社会主义建设创造了重要的政治条件。

在社会主义制度建立以后，毛泽东又领导全党和全国人民积极探索中国自己的建设社会主义的道路，提出了一系列具有战略意义的正确思想和方针。其中包括：关于社会主义社会仍然存在着矛盾，基本的矛盾仍然是生产关系和生产力之间的矛盾、上层建筑和经济基础之间的矛盾，必须严格区分和正确处理敌我矛盾和人民内部矛盾的思想；关于人民内部要在政治上实行“团结—批评—团结”，在党与民主党派的关系上实行“长期共存、互相监督”，在科学文化工作中实行“百花齐放、百家争鸣”，在经济工作以及其他各项工作中实行“统筹兼顾、适当安排”等一系列正确方针；关于不要机械搬用外国的经验，而要从中国是一个农业大国这种情况出发，以工业为主导，以农业为基础，正确处理重工业同农业、轻工业的关系，充分重视农业和轻工业，走出一条适合我国国情的中国工业化道路的思想；关于在社会主义建设中要处理好经济建设和国防建设，大型企业和中小企业，汉族和少数民族，沿海和内地，中央和地方，自力更生和学习外国等各种关系；处理好积累和消费的关系，注意综合平衡等思想；关于工人是企业的主人，要实行干部参加劳动、工人参加管理、改革不合理的规章制度和技术人员、工人、干部“三结合”的思想；关于调动一切积极因素，化消极因素为积极因素，团结全国各族人民建设社会主义强大国家的思想；关于要造成一个又有集中又有民主，又有纪律又有自由，又有统一意志，又有个人心情舒畅，生动活泼，那样一种政治局面的主张；等等。这些正确的思想、方针和主张，对后来的中国特色社会主义建设道路的探索具有重要的指导意义。

3. 革命军队建设和军事战略的理论

中国共产党领导的革命战争，时间之长，情况之复杂，在世界现代战争史上都是罕见的。以毛泽东为主要代表的共产党人在长期的革命战争中积累了丰富的军事经验，创立了具有完整理论形态和科学体系的毛泽东军事思想，主要包括人民军队、人民战争以及人民战争的战略战术。毛泽东军事思想是马克思列宁主义与中国革命战争实践相结合的产物，是中国革命武装斗争历史经验的总结，是中国共产党集体智慧的结晶。

毛泽东系统地解决了以农民为主要成分的革命军

队如何建设成为一支无产阶级性质的、具有严格纪律的、同人民群众保持亲密联系的新型人民军队的问题，解决了在中国这样一个半殖民地半封建的东方大国，如何开展人民革命战争、应当实行什么样的战略战术，如何巩固国防等一系列重大方针问题。他规定了全心全意为人民服务是人民军队的唯一宗旨，规定了是党指挥枪而不是枪指挥党的原则，制定了三大纪律八项注意，强调实行政治、经济、军事三大民主，实行官兵一致、军民一致和瓦解敌军的原则，提出和总结了一套军队政治工作的方针和方法。他总结了中国长期革命战争的经验，系统地提出了建设人民军队的思想，提出了以人民军队为骨干，依靠广大人民群众，建立农村根据地，进行人民战争的思想。他把游击战争提到了战略的地位，认为中国革命战争在长时期内的主要作战形式是游击战和带游击性的运动战。他论述了要随着敌我力量对比的变化和战争发展的进程，正确地实行军事战略的转变。他为革命军队制定了在敌强我弱的形势下实行战略的持久战和战役、战斗上的速决战，把战略上的劣势转变为战役、战斗上的优势，集中优势兵力、各个歼灭敌人等一系列人民战争的战略战术。他在解放战争中总结出著名的十大军事原则。这些是毛泽东对马克思列宁主义军事理论极为杰出的贡献。在新中国成立以后，他提出必须加强国防，建设现代化革命武装力量（包括海军、空军以及其他技术兵种）和发展现代化国防技术（包括用于自卫的核武器）的重要指导思想。

4. 政策和策略的理论

政策和策略是指导无产阶级进行革命和建设的一门科学。政策是党在一定时期的总任务和总路线，策略是党为实现战略任务所采取的方法和手段，策略较之于政策的范围更广，二者在党的文献中往往是作为一个整体并提的。毛泽东在中国革命的长期实践中，十分重视政策和策略问题，并将马列主义关于政策和策略的基本原理同中国革命的具体实践相结合，制定了适合中国情况的一系列正确的政策和策略，形成了关于政策和策略的理论体系，成为毛泽东思想的一个重要组成部分。

毛泽东精辟地论证了革命斗争中政策和策略问题的极端重要性，指出政策和策略是党的生命，必须根据政治形势、阶级关系和实际情况及其变化制定党的政策，把原则性和灵活性结合起来。他在总结实践经验的基础上，提出了许多重要的政策和策略思想。其中包括：弱小的革命力量在变化着的主客观条件下能够最终战胜强大的反动力量；战略上要藐视敌人，战术上要重视敌人；要掌握斗争的主要方向，不要四面出击；对敌人要区别对待、分化瓦解，实行利用矛盾、争取多数、反对少数、各个击破的策略，并做到有理、有利、有节；在反动统治地区，把合法斗争和非法斗争结合起来，在组织上采取隐蔽精干的方针；对被打倒的反动统治阶级成员和反动分子，只要他们不造反、不捣乱，都给予生活出路，让他们在劳动中改造成为自食其力的劳动者；无产阶级及其政党要实现自己对同盟者的领导，必须具备两个条件：一是率领被领导者向着共同的敌人作坚决斗争并取得胜利；二是对被领导者给予物质利益，至少不损害其利益，同时给予政治教育；等等。

5. 思想政治工作和文化工作的理论

重视思想政治工作和文化工作，充分发挥他们对革命工作的巨大作用，是毛泽东思想的重要特点。“一定的文化是一定社会的政治和经济的反映，又给予伟大影响和作用于一定社会的政治和经济；而经济是基础，政治则是经济的集中表现。”毛泽东根据关于思想和文化问题的基本观点，提出了许多具有长远意义的重要思想。例如：关于思想政治工作是经济工作和其他一切工作的生命线，要实行政治和经济的统一、政治和技术的统一、又红又专的方针；关于发展民族的、科学的、大众的文化，实行百花齐放、百家争鸣和古为今用、洋为中用、推陈出新的方针；关于知识分子在革命和建设中具有重要作用，知识分子要同工农相结合，通过学习马克思列宁主义、学习社会和工作实践树立无产阶级世界观的思想；等等。他指出“为什么人的问题，是一个根本的问题，原则的问题”，强调要全心全意为人民服务，对革命工作要极端负责，要艰苦奋斗和不怕牺牲。毛泽东关于思想政治文化的许多著名的著作，至今仍有重要意义。

6. 党的建设理论

在中国这样一个农民和其他小资产阶级占人口大多数的国家里，建设一个马克思主义的无产阶级政党，是极其艰巨的任务。中国共产党人在领导中国革命和建设的半个多世纪中，非常重视党的建设这一问题。以毛泽东为代表的中国共产党人继承和发展了马克思列宁主义的建党理论，成功地创立了独具中国特色的建党学说。

在无产阶级人数很少而战斗力很强，农民和其他小资产阶级占人口大多数的国家，怎样建设一个具有

广泛群众基础的、马克思主义的无产阶级政党，毛泽东建党学说成功地解决了这个问题。他特别注重从思想上建党，提出党员不但要在组织上入党，而且要在思想上入党，经常注意以无产阶级思想改造和克服各种非无产阶级思想。他指出，理论和实践相结合的作风，和人民群众紧密地联系在一起的作风，以及自我批评的作风，是中国共产党区别于其他任何政党的显著标志。针对历史上党内斗争中存在过的“残酷斗争、无情打击”的“左”的错误，他提出“惩前毖后、治病救人”的正确方针，强调在党内斗争中要达到既弄清思想又团结同志的目的。他创造了全党通过批评与自我批评进行马克思列宁主义思想教育的整风形式。新中国成立前夕和成立以后，鉴于我们党成为领导全国政权的党，他多次提出务必使同志们继续地保持谦虚、谨慎、不骄、不躁的作风，务必使同志们继续地保持艰苦奋斗的作风；要求全党警惕资产阶级思想的侵蚀，反对脱离群众的官僚主义。这些重要思想，为马克思主义建党理论增添了新的内容，为中国共产党的建设指明了正确的方向。

（三）毛泽东思想的历史地位

毛泽东思想是中华民族 20 世纪最辉煌的精神成果，它的产生和发展既是近代以来中国社会、经济和政治发展的必然反映，也是马克思列宁主义在中国的运用和发展，是被实践证明了的关于中国革命和建设的经验总结，具有重要的历史地位。毛泽东思想不是毛泽东个人的思想，是中国共产党集体智慧的结晶，是全党的宝贵精神财富。

1. 马克思主义中国化第一次历史性飞跃的理论成果

在中国共产党的历史上，毛泽东在认真总结历史经验的基础上，第一次明确提出了马克思主义同中国实际相结合，即实现马克思主义中国化的任务，深刻论证了马克思主义中国化的必要性和极端重要性，系统阐述了马克思主义中国化的科学内涵和实现马克思主义中国化的正确途径，开辟了马克思主义在中国发展的道路，为党沿着正确的方向发展奠定了坚实的基础。毛泽东为实现这个任务进行了艰苦的探索，使马

克思列宁主义在中国深深地扎根、开花、结果。毛泽东思想是马克思主义中国化的第一个理论形态，实现了马克思主义中国化的第一次历史性飞跃。毛泽东思想所确立的马克思主义中国化的奋斗方向、基本原则和基本方法，指导着党不断把马克思主义中国化的进程推向前进。

2. 中国革命和建设的科学指南

在毛泽东思想的指引下，我们党领导全国人民，找到了一条新民主主义革命的正确道路，完成了反对帝国主义、封建主义、官僚资本主义的任务，结束了中国半殖民地半封建社会的历史，建立了中华人民共和国；找到了一条从新民主主义向社会主义过渡的道路，确立了社会主义基本制度，实现了中国历史上最深刻最伟大的社会变革。在此基础上，毛泽东又对适合中国国情的社会主义道路进行了艰苦探索，并取得了重要的理论成果，提出了许多很有启发性的论断。他不仅领导我们建立起独立的比较完整的工业体系和国民经济体系，为社会主义现代化建设奠定了重要的物质技术基础，而且积累了在中国这样的社会生产力水平十分落后的东方大国进行社会主义建设的重要经验。虽然，今天的形势有了重大的变化，但是毛泽东思想中关于中国革命和建设的科学论述，为我们正在进行的事业继续提供着十分宝贵的理论指导。毛泽东思想过去是中国革命的旗帜，今天依然是中国社会主义建设事业的旗帜。

3. 中国共产党和中国人民的宝贵精神财富

毛泽东思想形成和发展的历史条件，与我们今天面临的形势和任务有很大的不同，但这丝毫没有减弱和降低毛泽东思想的科学价值。历史是不能割断的，如果不了解毛泽东思想，就不能对邓小平理论和“三个代表”重要思想有深刻的认识。毛泽东思想包含的许多基本原理、原则和科学方法，具有普遍的意义。毛泽东追求和倡导的中华民族重新自立于世界民族之林的远大理想、实事求是的思想路线、全心全意为人民服务的奋斗宗旨，自力更生、艰苦奋斗的革命精神，等等，依然是中国人民不断奋进的强大精神动力，将长期激励和指导我们前进。①

4. 中国特色社会主义理论体系的思想渊源

毛泽东思想与中国特色社会主义理论体系虽然属

① 《毛泽东思想和中国特色社会主义理论体系概论》，高等教育出版社 2013 年版，第 18 页。

于马克思主义中国化历史进程中不同历史范畴的两大理论体系，但二者不是孤立的、割裂的，毫不相干的；二者作为马克思主义中国化的理论成果，是一脉相承、与时俱进的。毛泽东思想是中国特色社会主义理论体系的思想渊源，也是中国特色社会主义理论体系最直接最坚实的理论基础。

(1) 毛泽东思想中关于社会主义建设规律探索的积极成果是中国特色社会主义理论体系的思想先导。

在 20 世纪 50 年代中期，鉴于“一五”计划实施过程中，照搬苏联社会主义工业化道路的弊端，毛泽东提出以苏为鉴，开始探索中国自己的社会主义建设道路。1956 年 4 月 4 日，在《关于无产阶级专政历史经验》讨论修改稿的会议上，他明确指出要把马列主义基本原理同中国具体实际“进行第二次结合”，并提出一些具有创造性的重要思想。

第一，中国式工业化、现代化思想。1956 年，毛泽东在《论十大关系》和翌年《关于正确处理人民内部矛盾的问题》中，创造性地提出建设中国式的工业化道路思想。反复强调要从大农业国这个基本国情出发，走自己的路，进而提出“以农业为基础，以工业为主导”，以此实现由农业国向工业国的发展。毛泽东的中国式工业化、现代化思想即在经济文化落后的农业大国如何实现工业化、如何走适合中国情况的社会主义现代化道路的思想，不仅有力地指导着当时的工业化建设，而且在实际上为我们党在新时期开辟中国特色社会主义的道路奠定了思想基础。

第二，社会主义社会矛盾理论。社会主义改造基本完成后，毛泽东在《关于正确处理人民内部矛盾的问题》中，适时地提出了社会主义基本矛盾和两类矛盾理论。他认为，“在社会主义社会中，基本的矛盾仍然是生产关系和生产力之间的矛盾，上层建筑和经济基础之间的矛盾”。它们之间又相适应又不适应，但与资本主义社会不同，社会主义基本矛盾是非对抗性的矛盾，可以通过改革和调整生产关系、上层建筑与生产力之间不相适应的环节和方面，使社会主义制度得到自我完善和自我发展。社会基本矛盾反映在人与人的关系上，呈现出两类矛盾。一类是敌我矛盾，另一类是人民内部矛盾，其中大量的是人民内部矛盾，正确处理人民内部矛盾是国家政治生活的主题，并提出要构建国内生动活泼的政治局面。毛泽东关于社会主义社会矛盾的理论，第一次建立了社会主义社会矛盾学说，成为新时期中国社会主义改革动力论的根源和理论基础，也为我们今天构建社会主义和谐社会提供了重要的理论依据和科学方法。

第三，经济建设必须搞综合平衡的思想。从1958年11月武昌会议起，到庐山会议召开前夕，毛泽东在总结“大跃进”教训过程中，针对急于求成的“左”的冒进倾向，提出了社会主义经济建设要搞好综合平衡的思想。他指出：“‘大跃进’的重要教训之一就是没有搞好综合平衡，这是经济工作中的根本问题。”过去安排国民经济的次序是重工轻农，今后恐怕要倒过来，首次提出以农、轻、重的次序安排国民经济计划。毛泽东关于经济建设必须搞好综合平衡的思想对于我们今天推进中国特色社会主义经济又好又快发展有着重要的指导意义。

第四，社会主义需要发展商品经济、运用价值法则的思想。1958年年底至1960年年初，毛泽东在总结“人民公社化”教训和读苏联《政治经济学教科书》及斯大林《苏联社会主义经济问题》两本书的谈话中，针对党内存在的要取消商品经济的思想倾向，提出了关于发展社会主义商品经济和运用价值法则的一系列独创性见解。他指出：“商品生产，要看它是同什么经济制度相联系，同资本主义制度相联系就是资本主义的商品生产，同社会主义制度相联系就是社会主义的商品生产”。同时，毛泽东明确指出，农民是劳动者，要“等价交换”，不能剥夺。要“利用商品生产、商品交换和价值法则，作为有用的工具，为社会主义服务”。毛泽东对社会主义商品经济理论的探索，对邓小平在新时期提出社会主义市场经济思想具有重要的启迪。此外，毛泽东在探索社会主义建设规律中还闪现出一些宝贵思想，如关于社会主义分发达、不发达阶段思想，等等。

毛泽东关于中国社会主义建设探索中的正确理论构成了毛泽东思想的有机组成部分，因而成为新时期中国特色社会主义理论体系的思想先导。毛泽东在探索中形成的正反两方面历史经验，为中国特色社会主义理论体系的形成以及新时期改革开放和现代化建设事业，提供了宝贵的精神财富和重要的历史借鉴。

(2) 毛泽东思想中一些基本理论为中国特色社会主义理论体系奠定了思想基础。

毛泽东思想是马克思主义同中国实际相结合的历史起点，它在理论与实践的诸多方面为中国未来的发展奠定了坚实的、科学的思想基础，成为中国特色社会主义理论体系诞生的思想渊源。事实上，在社会主义建设和改革开放实践中，我们党始终在坚持、运用和发展着这些基本理论。

第一，关于国体、政体理论。毛泽东把马克思主义的国家学说与中国的基本国情相结合，形成了一整

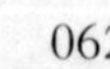

套符合我国实际的社会主义政治制度的理论与实践，主要包括人民民主专政、人民代表大会制度、共产党领导的多党合作和政治协商制度、民族区域自治制度等。这些是带有根本性、稳定性和不可替代性的政治制度。今天中国特色社会主义民主政治的发展就是在这一基本政治制度基础上不断完善和逐步推进的。

第二，关于宗教理论和宗教政策。我国是一个多民族国家，少数民族多有宗教信仰，正确处理民族宗教问题，对于维护祖国统一、国家安全和社会稳定至关重要。毛泽东运用历史唯物主义基本原理，坚持宗教信仰自由的基本政策；强调不能用行政命令和强制的方法去消灭宗教，也不能用行政力量去发展宗教；要引导信教群众为社会主义经济建设服务；主张建立与宗教界政治上团结合作、信仰上互相尊重的长期爱国统一战线等，卓有成效地解决民族宗教问题。毛泽东在观察和处理宗教问题上所体现出来的思想理论和真知灼见为我们今天在风云变幻的国内外形势下，发展宗教理论和制定宗教政策提供了理论支撑。

第三，关于社会主义文化建设的基本原则和基本方针。早在新民主主义革命时期，毛泽东创造性地提出“民族的、科学的、大众的”文化理论以及文艺为人民大众首先是为工农兵服务的方针，为中国新民主主义文化发展指明了方向。在社会主义时期，毛泽东在新民主主义文化论的基础上，又提出了“百花齐放，百家争鸣”、“洋为中用，古为今用”等繁荣我国科学文化事业的方针。毛泽东创立的这些基本原则和基本方针仍然是我们今天发展中国特色社会主义文化所坚持和遵循的。

第四，关于国防建设和军队建设的基本理论。毛泽东是人民军队的主要缔造者，他规定了全心全意为人民服务是人民军队的唯一宗旨，规定了是党指挥枪而不是枪指挥党的建军原则，提出和总结了一套军队政治工作的方针和方法。新中国成立以后，他还提出必须加强国防，建设现代化革命武装力量、发展现代化国防技术，制定了积极防御的战略方针等。这些原则和方针为今天中国特色社会主义国防和军队建设理论奠定了基本的思想基础。

第五，关于国际战略思想和外交方针。毛泽东是我国独立自主的和平外交政策的决策者和奠基人。他坚决维护中国的主权和尊严，积极倡导和平共处五项原则，开展睦邻友好的和平外交。他提出的“两个中间地带”理论和“三个世界划分”理论，在国际上产生了广泛影响。他将维护世界和平、反对霸权主义、中国属于第三世界、中国永远不称霸确立为中国外交的重要原则。尽管新时期，党依据国际形势和时代主题的深刻变化，对我国国际战略和外交政策进行了重大调整，但是毛泽东创立的外交基本原则仍然是今天我国国际战略和外交政策的基础。

第六，关于党建的基本原则和基本要求。中国共产党的党建理论是毛泽东创建的。新民主主义革命时期，毛泽东就对党的性质、宗旨、任务、指导思想、组织原则、优良作风和党员干部教育等一系列马克思主义政党建设的基本问题，都作出了科学阐述。中国共产党执政以后，如何保持马克思主义先进政党的本色，防止和平演变，如何保持党同人民群众的血肉联系，这是毛泽东始终思考和探索的重大问题。新中国成立前夕，毛泽东在党的七届二中全会上适时地向全党严肃地提出“两个务必”，要求全党警惕“糖衣炮弹”的袭击。毛泽东提出的这些要求和警示，今天仍然是我们治党治国所必须注意的问题。新时期江泽民把提高拒腐防变和抵御风险作为党的建设新的伟大工程的一个历史课题。以胡锦涛为总书记的党中央号召全党同志要牢记“两个务必”。可见毛泽东确立的党的建设理论，其丰富的内涵至今仍不失其指导意义。今天，中国特色社会主义理论体系中的党建理论是同毛泽东关于党的建设的理论一脉相承，与时俱进的理论成果。[①]

(3) 毛泽东思想为中国特色社会主义理论体系奠定了科学的方法论原则。

以毛泽东为主要代表的中国共产党人依据马克思主义的辩证唯物主义和历史唯物主义基本原理，对中国长期革命和建设实践中的一系列独创性经验进行理论概括和总结，形成了具有长远指导意义的科学方法论。

第一，创立了党的实事求是思想路线。中国共产党在领导人民进行革命、建设的过程中形成了一条“一切从实际出发，理论联系实际，实事求是，在实践中检验真理和发展真理”的马克思主义思想路线。这是马克思主义认识论和辩证法中国化的集中体现，是毛泽东思想的精髓和方法论的根本点。以毛泽东为主要代表的中国共产党人坚持党的思想路线，不照搬、照抄俄国十月社会主义革命的模式，从中国半殖民地半封建的社会性质出发，总结中国革命独创性历史经验，汲取中国传统文化的精华，运用马克思主义基本原理，提出农村包围城市理论和新民主主义革命理论，开创了中国特色革命道路，实现了马克思主义

① 郑德荣：《论毛泽东思想与中国特色社会主义理论体系的关系》，《思想理论教育导刊》2008 年第 8 期。

中国化的第一次历史性飞跃。

十一届三中全会以来，邓小平重新恢复和确立了党的思想路线，强调解放思想、实事求是，突破苏联社会主义模式和传统社会主义观念的束缚，运用马克思主义基本原理，从社会主义初级阶段的实际出发，总结了中国社会主义建设和国际共产主义运动正反两方面的历史经验，把握了中国社会主义的历史方位，揭示了社会主义本质，开辟了中国特色社会主义道路，实现了马克思主义中国化的第二次历史性飞跃，创立了邓小平理论。进入新世纪，以江泽民为核心的中国共产党第三代中央领导集体继承和坚持解放思想、实事求是的优良传统，弘扬与时俱进的创新精神，在社会主义现代化建设的重大历史关头，在世界社会主义运动处于低潮的状态下，把中国特色的社会主义的事业不断推向前进，形成了“三个代表”重要思想。党的十六大以来，以胡锦涛为总书记的党中央，关注新情况、新问题，紧紧跟上时代发展的步伐，解放思想、实事求是、与时俱进、求真务实，在改革开放的关键时刻，有针对性地提出科学发展观和构建社会主义和谐社会等重大战略思想。毛泽东思想与中国特色社会主义理论体系作为马克思主义中国化的创新成果，在形成发展过程中表现出了鲜明的共同特点，这就是始终坚持党的思想路线，这条思想路线犹如一条红线贯穿于马克思主义中国化两次历史性飞跃和两大理论成果形成的全过程。历史表明，马克思主义理论的每一个重大发展，中国革命和建设实践的每一次巨大进步都是由于坚持党的思想路线的结果。没有党的实事求是的思想路线，就不会有马克思主义中国化的两次历史性飞跃，就不会有中国特色革命道路和中国特色社会主义道路的形成和发展。党的思想路线“是马克思列宁主义的精髓，是毛泽东思想的精髓”，“是建设有中国特色社会主义理论的精髓，是保证我们党永葆生机的法宝”。中国共产党正是由于运用实事求是的马克思主义思想路线，从对历史规律的不断认识和把握中找到我们前进的正确方向。

第二，毛泽东提出了马克思主义中国化的科学命题，并在全党树立起了用中国化的马克思主义指导中国革命和建设实践的基本理念，这是以马克思主义指导中国具体实践的基本原则和根本方法。它告诉我们，马克思主义指导中国革命的真谛在于运用中国化的马克思主义，走自己的路。早在 1938 年的六届六中全会上，毛泽东就第一次明确提出了“马克思主义中国化”这一命题和任务。他指出：中国共产党人要学会把马克思列宁主义的理论应用于中国的具体环境，“使马克思主义在中国具体化”，并强调，这是“全党亟待了解并亟须解决的问题”。由此“马克思主义中国化”逐步成为当时党的主要领导者的共识，经过延安整风运动，成为全党的基本理念。

三、邓小平理论是马克思主义中国化第二次历史性飞跃的基础成果

邓小平理论是在毛泽东思想的基础上发展而成，是马克思主义基本原理同当代中国具体实践和时代特征相结合的产物，开拓了马克思主义的新境界，指导中国通过改革开放走上了中国特色社会主义道路。邓小平理论反映了中国共产党对中国社会主义建设规律的认识，是中华民族振兴和发展的强大精神支柱，具有鲜明的时代精神和民族精神，具有不可替代的历史地位和划时代意义，是全党的宝贵精神财富。

（一）邓小平理论形成的历史背景

邓小平理论是在和平与发展成为时代主题的历史条件下，在中国改革开放和建设的实践中，在总结中国社会主义胜利和挫折的历史经验并借鉴其他社会主义国家兴衰成败的历史经验的基础上，逐步形成和发展起来的。

其一，时代主题的转换是邓小平理论形成的时代背景。任何一个伟大的思想理论体系的产生，都是有着特定的时代背景，都是时代精神的精华。进入到20世纪70年代，人类社会发展到了一个崭新的信息时代，“战争与革命”的时代主题已经不再适应当前国际关系的现实状况，和平与发展的时代观逐步成为当代世界的主题。几乎世界各国都在利用新技术革命提供的发展契机，寻找适合本国和本民族的社会经济发展道路。对世界历史主题变化的深刻把握和准确判断是邓小平理论形成的时代根据，也使邓小平理论具有鲜明的时代特色。

其二，社会主义建设正反两方面的历史经验是邓小平理论形成和发展的历史根据。1956 年后，社会主义建设经历了曲折的发展过程，直至出现了十年“文化大革命”的政治运动。以邓小平为核心的党的第二代中央领导集体科学地分析了社会主义建设中一系列错误产生的原因，深刻总结中国社会主义建设正反两方面经验，借鉴世界社会主义历史经验，揭示了我国社会主义现代化建设的规律，把马克思主义关于建设社会主义的理论与我国实际情况结合向前做了进一步的推进。①

其三，中国改革开放以来社会主义现代化建设的生动实践是邓小平理论形成和发展的现实根据。任何理论的产生和这个理论在一个国家的实践中能否取得成功，都与社会发展的需要尤其是人民群众的需要密切相关。邓小平理论适应了我国进行社会主义现代化建设的客观需要，回应了人民群众在实践中对正确理论科学指导的迫切需要，在全面总结了改革开放以来全党全国人民的生动实践和成功经验而形成的。

其四，对马列主义特别是毛泽东思想的继承和丰富是邓小平理论形成和发展的理论基础。任何理论都是具有传承性的，因一脉相承又与时俱进而不断发展

---

① 王骏飞、郭丹：《马克思主义中国化的历史进程简明读本》，新华出版社 2012 年版，第 92 页。

下去。邓小平理论作为马克思主义中国化第二次历史性飞跃的代表成果，其理论基础是马列主义和毛泽东思想，而毛泽东思想作为马克思主义中国化第一次历史性飞跃的集中成果，无疑是邓小平理论最直接、最坚实的理论基础。

（二）邓小平理论的发展历程

邓小平理论开拓了马克思主义的新境界，形成了建设中国特色社会主义的科学体系，是当代中国的马克思主义。邓小平理论从形成到发展，经历了一个逐步发展和深化的过程，其发展过程从十一届三中全会前后到十五大上被确立为党的指导思想，大致经历了四个阶段。即从十一届三中全会前后到十二大，是邓小平理论的初步形成阶段；从十二大到十三大，是邓小平理论的全面展开进一步丰富发展阶段；从十三大到十四大，是邓小平理论形成科学体系阶段；从十四大到十五大，是邓小平理论的地位正式确立阶段。

（三）邓小平理论的科学体系和主要内容

邓小平理论是马克思主义中国化第二次历史性飞跃的理论成果。它同样有一个贯穿始终的哲学思想，就是解放思想、实事求是的世界观和方法论，这是邓小平理论的精髓。围绕“什么是社会主义、怎样建设社会主义”这个首要的基本的理论问题，邓小平提出了一系列互相联系的基本观点，第一次比较系统地初步回答了中国社会主义的发展道路、发展阶段、根本任务、发展动力、外部条件、政治保证、战略步骤、领导力量和依靠力量、祖国统一等一系列基本问题，指导我们党制定了在社会主义初级阶段的基本路线。这些基本观点的真理性已经被中国改革开放和社会主义现代化建设的成功实践所证明。

社会主义本质理论：什么是社会主义、怎样建设社会主义，是邓小平在领导改革开放和现代化建设中，不断提出和反复思考的首要的基本的理论问题。而搞清楚这个问题，关键是要在科学总结历史经验和坚持社会主义基本制度的基础上进一步认清社会主义的本质。邓小平根据马克思主义的基本原理和社会主义的实践经验，对这个问题进行了不懈的探索。他指出："社会主义的本质，是解放生产力，发展生产力，消灭剥削，消除两极分化，最终达到共同富裕。"这一科学概括，反映了社会主义社会发展的基本规律，反映了人民的利益和时代的要求，把对社会主义的认识提高到新的科学水平。

社会主义初级阶段理论：邓小平指出，我国还处在社会主义初级阶段，这是一个至少上百年的历史阶段，制定一切方针政策都必须以这个基本国情为依据，不能脱离实际，超越阶段。我国处在社会主义初级阶段，是邓小平和党对当代中国基本国情的科学判断。这个科学判断，使我们对社会主义建设的长期性、紧迫性、复杂性、艰巨性有了更加清醒的思想准备。

改革开放理论：邓小平强调改革也是一场革命，也是解放生产力，是中国现代化的必由之路，僵化停滞是没有出路的。对外开放是建设中国特色社会主义的一项基本国策，是改革和建设必不可少的，应该吸收和利用世界各国包括资本主义发达国家所创造的一切先进文明成果来发展社会主义，封闭只能导致落后。党的十一届三中全会以来制定了一系列新的方针政策，这些方针政策概括起来就是改革开放。改革开放是决定中国命运的重大决策，是新时期中国最鲜明的特点。

社会主义市场经济理论：解除了把计划经济和市场经济看作属于社会基本制度范畴的思想束缚。在坚持公有制和按劳分配为主体，其他经济成分和分配方式为补充的基础上，把市场经济配置资源的长处和社会主义制度的优越性结合起来，建立和完善社会主义市场经济体制，为我们坚持社会主义经济制度找到了一种新的实现形式，这是我们党的一个伟大创举。

除此之外，邓小平理论还包括社会主义现代化发展战略、社会主义民主政治建设、社会主义精神文明建设、统一战线、军队和国防建设、外交战略、祖国完全统一、党的建设等方面的重要内容。这些理论贯通哲学、政治经济学、科学社会主义等领域，涵盖经济、政治、文化等方面，是一个比较完备的科学体系。

（四）邓小平理论的鲜明特点

1. 时代性

在马克思主义发展史上，每一新的重大理论课题的新突破，都是时代发展的呼唤，反映时代要求的结果。邓小平理论的时代特征，既体现在它的形成过程上，又贯穿于它的内容之中。邓小平理论及时对时代发展的特点以及国际格局的态势变化作出了科学的判断，对时代向社会主义、向中国提出的挑战和提供的机遇作出了科学的分析。建立在和平与发展是当今时代根本特点的基础上，邓小平理论回答了什么是社会主义，以及怎样建设社会主义的基本问题，从而形成了一系列全新的理论观点及科学的理论体系。

2. 实践性

理论来源于实践，这是马克思主义的基本观点，也是马克思主义理论与时俱进品质的根基。党的十一届三中全会以来，我国改革开放和社会主义现代化建设的伟大实践，成为邓小平理论诞生的基本源泉和现实基础，是邓小平理论形成发展和不断完善的实践依据。邓小平特别重视群众实践和总结实践经验，强调一切从实际出发，要有实践的勇气、敢试敢闯，不要瞎争论。邓小平始终坚持面向现实去进行理论思考，并以实践作为判断各方面工作是非的标准。回溯“猫论”和不争论，都突出表现了邓小平理论的实践性特点。

3. 人民性

人民群众是历史的创造者，人民的实践是理论产生的基本源泉，是邓小平理论发展完善的现实依据。邓小平尊重群众，相信群众，善于倾听群众的呼声，善于发现群众的创造，善于总结群众的经验，把群众的智慧化作理论创造的不竭源泉。邓小平认为，党的全部任务就是全心全意地为人民服务，一切以人民利益作为最高准绳；党的各项政策和工作必须以人民拥护不拥护、赞成不赞成、高兴不高兴、答应不答应作为出发点和归宿。

4. 创新性

对马克思主义，我们党的理论既有继承又有发展。邓小平理论既继承了马克思列宁主义、毛泽东思想的基本原理，又在建设中国特色社会主义的伟大实践中研究新情况，解决新问题，着眼于实际问题的理论思考，着眼于新的实践和新的发展，从而逐步形成了马克思主义在中国发展的新阶段。十一届三中全会以来，他不断地批判迷信本本、拘泥教条、照搬外国模式和把马克思主义教条化的倾向，表现出了开拓马克思主义新境界的巨大理论勇气。

5. 民族性

邓小平理论是继我们党创立毛泽东思想之后，又一个马克思主义民族化的优秀典型。它是科学社会主义理论与当代中国社会实践相结合中，与中华民族的优秀思想、优秀传统相融合中，形成的具有新的中国气派和民族风格的马克思主义，是马克思主义在当代中国的新发展，是马克思主义中国化的又一个大的理论成果。“走自己的道路，建设有中国特色的社会主义”是邓小平理论的主题，其中又打上了深厚的中华民族优秀传统文化的思想烙印。

6. 求实性

邓小平理论体现了彻底唯物主义的求实精神，摆脱一切形式的主观空想。邓小平对中国国情的认识是求实的，对当代世界主题的认识是求实的，对历史经验的总结是求实的，对经济发展战略和速度的构想是求实的，对改革开放的设计是求实的，也就是一切从社会主义初级阶段的实际出发，探求富于创造性的中国发展路线，走有中国特色的社会主义建设道路。邓小平一贯强调，我们干革命的目的就是为人民办实事，强调理论的效用性，反对假大空和形式主义。邓小平注重实效，着眼于问题的解决，不搞争论，拿事实说话，用实践来检验成败得失。在实践中，邓小平理论表现为从中国国情的实际出发来制定党的路线方针政策。

（五）邓小平理论的历史地位

1. 马克思主义发展的新阶段

邓小平理论的实践基础和认识对象不同于马列主义、毛泽东思想，其理论认识成果有着全新的内容。在现代科技革命和时代主题转换的历史背景下，研究“社会主义初级阶段”和“中国特色”社会主义的认识成果，因而邓小平理论开拓了马克思主义在中国发展的新境界。邓小平理论抓住了什么是社会主义、怎样建设社会主义的历史性课题，既初步解决了社会主义在当代中国的前途和命运问题，又填补了科学社会主义关于东方落后的大国如何建设、巩固和发展社会主义的理论空白，从而使我们对社会主义的认识提高到了一个新的科学水平。邓小平以马克思主义的宽广眼界，观察了20世纪以来世界形势的变化，精辟地分析了当前国际形势发展的特点，提出和平和发展是当代世界的主题，发展是核心的判断，邓小平理论对当前时代特征和国际形势作出了新的科学判断。邓小平理论在坚持科学社会主义基本理论和实践基本成果的前提下，剔除了附加到社会主义和马克思主义名下的错误观点。解放思想、实事求是，一切从当代中国实际出发，研究新情况，解决新问题，提出了一系列符合时代要求和我国国情的新思想、新观点和新论断，为马克思主义理论宝库增添了许多崭新的内容。

2. 马克思主义中国化第二次历史性飞跃的理论成果

作为毛泽东思想的继承和发展的邓小平理论，是马克思主义在中国发展的新阶段。它坚持解放思想、实事求是，在新的实践基础上继承前人又突破陈规，开拓了马克思主义的新境界；它坚持科学社会主义理论和实践的基本成果，抓住“什么是社会主义、怎样建设社会主义”这个根本问题，深刻地揭示社会主义的本质，把对社会主义的认识提高到新的科学水平；它坚持用马克思主义的宽广眼界观察世界，对当今时代特征和总体国际形势，对世界上其他社会主义国家的成败，发展中国家谋求发展的得失，发达国家发展的态势和矛盾，进行正确分析，作出了新的科学判断。总的来说，邓小平理论是建设中国特色社会主义的崭新的科学理论体系。

3. 改革开放和社会主义现代化建设的科学指南

党的十一届三中全会以来，邓小平理论指引我们进行拨乱反正和全面改革，逐步实现了从“以阶级斗争为纲”到以经济建设为中心、从封闭半封闭到改革开放、从计划经济到社会主义市场经济等一系列重大转变，成功地走出了一条具有中国特色的社会主义新道路。改革开放以来，我国之所以能实现政治稳定，经济发展，民族团结，社会生产力、综合国力和人民生活都上一个大台阶，使社会主义中国巍然屹立在世界东方，从根本上说，靠的就是邓小平理论的指导。邓小平理论提高了党对建设中国特色社会主义规律的认识，是建设中国特色社会主义的行动指南。[①]

4. 承上启下的传承作用

邓小平理论既是对毛泽东思想的继承和发展，又是“三个代表”重要思想的直接思想来源，在马克思

① 《毛泽东思想和中国特色社会主义理论体系概论》，高等教育出版社2013年版，第23页。

主义中国化的历史进程中，处于承上启下、继往开来的重要地位。从历史渊源上看，马克思主义中国化的第一次历史性飞跃发生于民主革命时期并延续到社会主义建设时期，是关于中国革命和建设的理论，而第二次历史性飞跃发生在十一届三中全会及其以后，开始找到一条中国特色社会主义道路，开辟了改革开放和社会主义现代化建设的新局面。毛泽东时期留下的历史遗产，不仅在基本制度、物质条件以及外部环境等方面为第二次飞跃做了必要准备，更重要的是表现在思想理论上的继承发展。从邓小平理论形成的思想基础和历史条件来讲，它是对毛泽东思想的继承性发展，没有毛泽东思想就没有邓小平理论。同时，成型了的邓小平理论又成为“三个代表”重要思想的最直接的思想来源和最坚实的理论基础。“三个代表”重要思想是对邓小平理论的坚持继承和发展创新，主要体现在时代主题（和平与发展）的延续与新变化、理论主题（改革开放与建设中国特色社会主义）上的坚持与深化、理论课题（什么是社会主义、怎样建设社会主义）上的继承与发展、理论观点（社会主义初级阶段理论、执政党建设理论等）上的丰富与创新、科学体系（思想路线等）上的继承与拓展。

5. 中国特色社会主义理论体系的本源

邓小平理论在新的历史条件下，正确地阐明了我国社会主义所处的阶段、任务、目标、发展动力和发展战略等，由此创立了一个科学的理论体系，其主旨就是“建设有中国特色的社会主义”。邓小平理论是建设中国特色社会主义的行动指南，对中国特色社会主义理论体系的形成做出了开创性的贡献。第一，邓小平最先提出了“中国特色社会主义”这一科学概念。十二大上，邓小平首次宣布“走自己的路，建设有中国特色的社会主义”，此后，“建设有中国特色的社会主义”就成为改革开放三十多年来所高擎的旗帜、所开辟的道路。第二，邓小平理论是中国特色社会主义理论体系的本源理论。十五大指出，我们党实现的马克思主义中国化第二次历史性飞跃的理论成果就是“建设有中国特色社会主义理论”，“我们党把它称为邓小平理论”。在那个时期，邓小平理论是等同于中国特色社会主义理论的。十六大将“三个代表”重要思想提升为指导思想，并指出它是邓小平理论的继承和发展。党的第十七次全国代表大会一方面定位科学发展观是与邓小平理论和“三个代表”重要思想既一脉相承又与时俱进的科学理论，另一方面又将改革开放以来各个时期的指导思想整合为“中国特色社会主义理论体系”。“中国特色社会主义理论体系”是对马克思主义中国化第二次历史性飞跃的理论成果的高度概括，而邓小平理论是这一理论体系的本源性理论。第三，邓小平理论与“三个代表”重要思想和科学发展观是原创与传承关系。邓小平理论、“三个代表”重要思想和科学发展观同属“中国特色社会主义理论体系”，都是马克思主义中国化第二次飞跃过程中的理论成果。从理论渊源关系看，邓小平理论与“三个代表”重要思想和科学发展观之间是原创与发展的关系。邓小平理论、“三个代表”重要思想以及科学发展观在历史发展的不同阶段，根据实践的不同需要解决的主要问题各有侧重，因而形成的理论形态既一以贯之、承前继往，又与时俱进、启后开来。

四、"三个代表"重要思想是马克思主义中国化第二次历史性飞跃的重要成果

"三个代表"重要思想是继毛泽东思想和邓小平理论之后，马克思主义中国化的又一大理论成果，是对马克思主义政党学说的丰富和发展。"三个代表"重要思想的提出，标志着马克思主义与中国实际相结合的第二次历史性飞跃进入新阶段，是党的全部历史经验的科学总结，揭示了中国共产党奋斗历程的规律，具有重要的历史地位和现实意义。

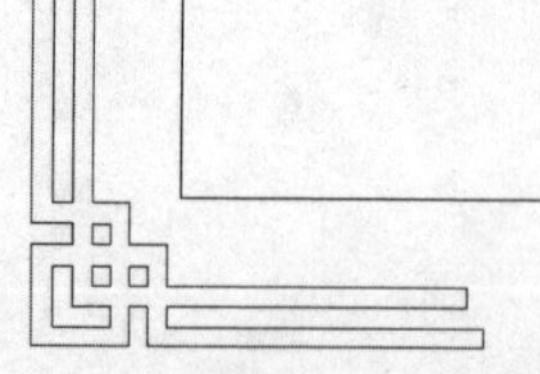

（一）“三个代表”重要思想形成的背景条件

20 世纪 80 年代末以来，尽管我们所面临的时代主题、主要矛盾和主要任务没有根本性的改变，但是国际、国内和党内的情况都发生了重大的变化，党所处的地位和环境、党所肩负的历史任务、党的自身状况，都出现了许多新的情况。中国共产党历经革命、建设和改革，已经从领导人民为夺取全国政权而奋斗的党，成为领导人民掌握全国政权并长期执政的党；已经从受到外部封锁和实行计划经济条件下领导国家建设的党，成为实行对外开放和发展社会主义市场经济条件下领导国家建设的党。“三个代表”重要思想就是在科学判断党的历史方位的基础上提出来的。

就国际形势来讲，随着东欧剧变、苏联解体，世界社会主义出现严重曲折；世界多极化和经济全球化的趋势在曲折中发展。虽然和平与发展仍是当今时代的主题，但霸权主义和强权政治又有新的表现，恐怖主义危害上升，一些地区的冲突和争端时起时伏，世界还很不安宁。科技进步日新月异，以信息技术为核心的高新技术的发展，极大地改变了人们的生产、生活方式和国际经济、政治关系，以经济为基础、科技为先导的综合国力竞争更为激烈。国际局势和世界格局的深刻变化。这一切是“三个代表”重要思想形成的时代背景。

就国内形势来讲，我们在胜利实现了现代化建设“三步走”战略前两步目标以后，进入了全面建设小康社会、加快推进社会主义现代化新的发展阶段。我国生产力水平大幅度跃升，综合国力显著增强，国际地位进一步提高，改革开放取得丰硕成果，社会主义市场经济体制初步建立，政治稳定、民族团结、社会进步，人民生活总体上达到小康水平，社会主义中国充满活力。与此同时，改革进入攻坚阶段，发展处于关键时期，我国社会主义事业的发展面临新的巨大困难和压力。随着改革开放和社会主义市场经济的发展，社会经济成分、组织形式、就业方式、利益关系和分配方式日益多样化。加入世界贸易组织，给我国经济社会带来深刻影响。推进现代化建设、完成祖国统一、维护世界和平与促进共同发展，仍是党在21世纪伟大而艰巨的三大历史任务。“三个代表”重要思想是在对当代中国发展变化科学认识的基础上形成的。改革开放以来，特别是十三届四中全会以来党和人民建设中国特色社会主义的伟大探索，是"三个代表"重要思想形成的实践基础。

就中国共产党内的情况来讲，随着党和国家事业的发展，党的队伍发生了重大的变化。新党员的数量大幅度增加，干部队伍新老交替不断进行，一大批年轻干部走上领导岗位，既给党的发展带来了新的活力，也提出了新的挑战。进一步提高党的领导水平和执政水平，提高拒腐防变和抵御风险的能力，是党必须解决好的两大历史性课题。这就要求党从新的实际出发，以改革的精神加强和改进自身的建设。党的建设面临的新形势新任务，是"三个代表"重要思想形成的现实依据。[①]

正是在上述世情、国情、党情新变化的背景下，党的十三届四中全会以来，以江泽民为代表的中国共产党人，高举邓小平理论伟大旗帜，在科学判断党的历史方位的基础上，在建设中国特色社会主义的伟大实践中，逐步将治党治国治军新的经验加以概括和总结，创立了"三个代表"重要思想。

① 《毛泽东思想和中国特色社会主义理论体系概论》，高等教育出版社 2013 年版，第 25 页。

（二）“三个代表”重要思想形成发展的历史轨迹

1989年，邓小平对以江泽民为核心的中央领导集体作出了“要聚精会神地抓党的建设”的“政治交代”。面对在实行改革开放和发展社会主义市场经济的条件下，“建设什么样的党、怎样建设党”这个关系到党和国家的前途命运的重大现实问题，十三届四中全会以来，以江泽民为代表的中国共产党人，进行了艰苦的理论探索和实践创新。

经过长时期思考，2000年2月，江泽民在广东考察工作时，第一次提出“三个代表”的要求。他指出，只要我们党始终成为中国先进社会生产力的发展要求、中国先进文化的前进方向、中国最广大人民的根本利益的代表，我们党就能永远立于不败之地，永远得到全国各族人民的衷心拥护，并带领人民不断前进。在同年5月的一次讲话中，他又指出：“始终做到‘三个代表’，是我们党的立党之本、执政之基、力量之源。”

2001 年 7 月，江泽民在纪念建党 80 周年大会上的讲话，全面阐述了“三个代表”的科学内涵和基本内容，正确回答了在新的历史条件下“建设什么样的党、怎样建设党”这一重大问题，提出了按照“三个代表”要求加强和改进党的建设、始终保持党的先进性和纯洁性的任务，使“三个代表”要求成为中国共产党在新世纪的建党纲领。

2002 年 11 月，江泽民在党的十六大报告中进一步阐述了“三个代表”重要思想的时代背景、历史地位、精神实质和指导意义，阐明了贯彻“三个代表”重要思想的根本要求，提出要把“三个代表”重要思想贯彻到社会主义现代化建设的各个领域，体现在党的建设的各个方面。他强调指出：贯彻“三个代表”重要思想，关键在坚持与时俱进，核心在坚持党的先进性，本质在坚持执政为民。党的十六大高度评价了“三个代表”重要思想的历史地位和重要意义，把“三个代表”重要思想同马克思列宁主义、毛泽东思想、邓小平理论一道确立为党必须长期坚持的指导思想并写进了党章。①

① 《毛泽东思想和中国特色社会主义理论体系概论》，高等教育出版社 2013 年版，第 26 页。

（三）“三个代表”重要思想的科学体系和主要内容

“三个代表”重要思想在形成和发展的过程中，紧密结合新的实践，把治党和治国、执政和为民结合起来，在改革发展稳定、内政外交国防、治党治国治军各个方面，提出了一系列紧密联系、相互贯通的新思想、新观点、新论断。这一系统的科学理论在建设中国特色社会主义的思想路线、发展道路、发展阶段、发展战略、根本任务、发展动力、依靠力量、国际战略、领导力量和根本目的等重大问题上都有新的丰富和发展。“三个代表”重要思想，在邓小平理论的基础上，进一步回答了什么是社会主义、怎样建设社会主义的问题，创造性地回答了建设什么样的党、怎样建设党的问题，集中起来就是深化了对中国特色社会主义的认识。

“中国共产党必须始终代表中国先进生产力的发展要求，代表中国先进文化的前进方向，代表中国最广大人民的根本利益。”这是对“三个代表”重要思想的集中概括。

始终代表中国先进生产力的发展要求，就是党的理论、路线、纲领、方针、政策和各项工作，必须努力符合生产力发展的规律，体现不断推动社会生产力的解放和发展的要求，尤其要体现推动先进生产力发展的要求，通过发展生产力不断提高人民群众的生活水平。

始终代表中国先进文化的前进方向，就是党的理论、路线、纲领、方针、政策和各项工作，必须努力体现发展面向现代化、面向世界、面向未来的，民族的、科学的、大众的社会主义文化的要求，促进全民族思想道德素质和科学文化素质的不断提高，为我国经济发展和社会进步提供精神动力和智力支持。

始终代表中国最广大人民的根本利益，就是党的理论、路线、纲领、方针、政策和各项工作，必须坚持把人民的根本利益作为出发点和归宿，充分发挥人民群众的积极性、主动性、创造性，在社会不断发展进步的基础上，使人民群众不断获得切实的经济、政治、文化利益。

“三个代表”是统一的整体，相互联系，相互促进。发展先进生产力，是发展先进文化的基础，是实现最广大人民根本利益的前提；发展先进文化，是发展先进生产力和实现最广大人民根本利益的重要思想保证；发展先进生产力和先进文化，归根到底都是为了实现最广大人民的根本利益，而人民群众则是创造先进生产力和先进文化的主体，也是实现自身利益的根本力量。

“三个代表”重要思想围绕建设中国特色社会主义这个主题，创造性地运用马克思列宁主义、毛泽东思想、邓小平理论，紧密结合新的实践，提出了一系列新思想、新观点、新论断：关于建立社会主义市场经济体制的思想；关于公有制为主体、多种所有制经济共同发展是我国社会主义初级阶段的基本经济制度的思想；关于按劳分配为主体、多种分配方式并存的思想；关于实行全方位对外开放战略的思想；关于社会主义物质文明、政治文明和精神文明协调发展的思想；关于发展是党执政兴国的第一要务的思想；关于正确处理改革发展稳定关系的思想；关于建设社会主义法治国家的思想；关于依法治国和以德治国相结合的思想；关于走中国特色的精兵之路的思想；关于巩固党的阶级基础和扩大党的群众基础的思想；等等。[①]

① 《毛泽东思想和中国特色社会主义理论体系概论》，高等教育出版社 2013 年版，第 27 页。

（四）“三个代表”重要思想的历史地位

1. 面向21世纪的中国化的马克思主义

在即将进入21世纪的时候，中国特色社会主义实践的发展提出了推进理论创新的新要求。“三个代表”重要思想继承和发展了马克思主义关于人类社会前进最终是由生产力发展决定的，同时是由先进文化引导的，由人民群众推动的等基本原理，揭示了中国特色社会主义是社会主义市场经济、社会主义民主政治和社会主义先进文化有机统一，社会主义物质文明、政治文明和精神文明全面发展，党领导的伟大事业同党的建设新的伟大工程相互促进的进程。“三个代表”重要思想的形成，表明党对共产党的执政规律、社会主义建设规律和人类社会发展规律的认识，达到了新的理论高度。

2. 全面建设小康社会的根本指针

党在新世纪新阶段最重要的任务，就是全面建设小康社会。“三个代表”重要思想作为面向21世纪的中国化的马克思主义，是指引全党全国人民为实现全面建设小康社会的宏伟目标而奋斗的根本指针。我们在实现这个宏伟目标的征程中，将长期面对着如何科学判断和全面把握国际形势的发展变化、如何科学判断和全面把握我国将长期处于社会主义初级阶段的基本国情、如何科学判断和全面把握党所处的历史方位和肩负的历史使命等重大课题，“三个代表”重要思想为我们正确认识和处理这些重大课题提供了科学理论和科学方法。

3. 加强和改进党的建设的强大理论武器

“三个代表”重要思想创造性地回答了建设什么样的党、怎样建设党的问题，把党的建设新的伟大工程同中国特色社会主义伟大事业紧密联系起来，赋予党的性质、宗旨、指导思想和任务以丰富的时代内容，确定了党的建设的总体部署。坚持贯彻“三个代表”重要思想，必须紧紧围绕新时期党的建设所面临的两大历史性课题，以加强党的执政能力建设为重点，不断提高党的创造力、凝聚力和战斗力，不断巩固党的阶级基础和扩大党的群众基础，永远保持党的先进性。这样，党就能在世界形势发生深刻变化的历史进程中始终走在时代前列，在应对国内外各种风险考验的历史进程中始终成为全国人民的主心骨，在建设中国特色社会主义的历史进程中始终成为领导核心。同时，“三个代表”重要思想提出的一系列关于中国特色社会主义的发展道路、发展阶段、发展战略、根本目的、根本任务、发展动力、依靠力量、国际战略等重要思想，对我们正在进行的改革开放和现代化建设事业具有长期的指导意义。[①]

① 《毛泽东思想和中国特色社会主义理论体系概论》，高等教育出版社 2013 年版，第 28 页。

五、科学发展观是马克思主义中国化第二次历史性飞跃的最新成果

党的十六大以来，以胡锦涛为总书记的中央领导集体领导全国人民，高举中国特色社会主义伟大旗帜，坚持把马克思主义与中国实际相结合，基于对当今世界形势的科学分析和我国发展大势的把握，提出了科学发展观。科学发展观解决了实现什么样的发展、怎样发展的根本问题，深化了对三大规律的认识，是中国特色社会主义理论体系的最新成果，是中国共产党的指导思想之一。

（一）科学发展观形成的历史条件

1. 马克思主义和中国传统文化是科学发展观的重要思想来源

科学发展观坚持马克思主义的基本原理，与毛泽东思想、邓小平理论和“三个代表”重要思想的发展观一脉相承，吸收了中国传统文化中的发展理念并赋予其新的时代内涵。科学发展观来源于马克思主义发展观，是马克思主义关于发展的方法论的集中体现。科学发展观坚持了马克思主义的发展观，揭示了发展的本质和内涵。科学发展观第一要义的发展，首先是指经济的发展，这是马克思主义生产力决定论的具体体现。科学发展观的核心是以人为本，这是党的群众观点、群众路线同党的宗旨的有机统一。科学发展观坚持全面、协调、可持续发展，强调实现经济发展与人口、资源、环境相协调，这是唯物史观和唯物辩证法的发展观的集中体现。科学发展观是对党的三代中央领导集体关于发展的重要思想的继承和发展。第一代中央对适合我国国情的发展道路进行了艰辛的探索，第二代中央的发展观核心是经济发展并强调社会主义应是全面发展全面进步的社会，第三代中央在继续推进中国特色社会主义改革和建设事业过程中已经包含了科学发展的理念，这些思想为科学发展观的提出提供了基础。同时，中华文明源远流长，蕴涵着朴素而丰富的发展理念。科学发展观将中国传统文化中的民本思想、和合思想统一起来，并对之进行了升华。

2. 当前中国发展的阶段性特征是提出科学发展观的现实基础

改革开放以来，我国取得了举世瞩目的发展成就。但我国在发展中遇到的矛盾和问题十分突出，人口多、底子薄、城乡区域发展不平衡、生产力不发达仍然是我国的最大实际。十三大深刻阐述了社会主义初级阶段问题，强调我国社会主义社会还处于初级阶段，我们必须从这个实际出发而不能超越这个阶段。党的十七大报告指出："我们必须清醒认识到，我国仍处于并将长期处于社会主义初级阶段的基本国情没有变，人民日益增长的物质文化需要同落后的社会生产之间的矛盾这一社会主要矛盾没有变，我国是世界最大发展中国家的国际地位没有变。在任何情况下都要牢牢把握社会主义初级阶段这个最大国情，推进任何方面的改革发展都要牢牢立足社会主义初级阶段这个最大实际。”进入新世纪，随着我国经济体制改革的逐渐深入，利益格局和社会结构随之发生了深刻的变化，我国经济社会发展呈现出一系列新的特征，既面临着前所未有的机遇，也面临着严峻的挑战。要适应当前我国发展的阶段性特征，开拓中国特色社会主义更为广阔的发展前景，就必须科学分析我国当前面临的新机遇新挑战，把握我国发展面临的新课题新矛盾。科学发展观的提出，正是中国共产党正确认识和准确把握这些阶段性特征，立足于统筹兼顾，妥善应对我国可能遇到的各种风险和挑战的正确选择。

3. 世界各国发展的经验教训是科学发展观提出的历史依据

长期以来，世界上许多国家单纯追求经济增长，忽视环境保护和资源节约，在短期内获得了巨大经济发展的同时也带来了种种灾难性后果。各种问题的不断产生，促发了人类的大反思，人们开始从自身和他人的经验教训中进行理性思考，冲击着破坏环境的片面发展模式，对发展问题的认识不断深化，逐渐形成了增长不等于发展、经济发展不等于社会进步、注重人和自然环境的协调、发展不能以牺牲生态环境为代价等共识。不同国家的学者和政府官员为人类深化对发展问题的认识作出了巨大的贡献，可持续发展观逐渐得到全世界的承认和共识。世界各国的发展实践表明，发展绝不仅仅是经济增长，而应该是经济、政治、文化、社会全面协调发展，是人与自然和谐的可持续发展。相对于传统发展观，新的发展观实现了三方面的转变：从“增长第一”的经济发展导向转变为综合协调发展，从以物为中心的发展转变为以人为中心的发展；从不惜以资源环境为代价追求一时繁荣转变为主张可持续发展。科学发展观正是在深刻总结世界发展经验教训的基础上提出的，顺应了当今世界发展的潮流，吸收了当今世界各国在发展的认识和实践上取得的积极成果，是对人类社会发展经验的深刻总结和高度概括。[①]

（二）科学发展观的科学体系和主要内容

“一个新的科学理论的提出，都是总结、概括实

① 王骏飞、郭丹：《马克思主义中国化的历史进程简明读本》，新华出版社 2012 年版，第 184 页。

践经验的结果。”同马列主义、毛泽东思想、邓小平理论和“三个代表”重要思想是科学的思想体系一样，作为马克思主义中国化的最新成果和统领我国经济社会发展全局的根本指针，科学发展观也是一个概括比较完整、层次清楚分明的逻辑结构系统。

1. 科学发展观的第一要义是发展

科学发展观的第一要义是发展。马克思主义最注重发展社会生产力。在社会主义国家，一个真正的马克思主义政党在执政以后，根本任务就是发展社会生产力。发展是当代中国的主题。科学发展观是用来指导发展的，不能离开发展这个主题。离开了发展，科学发展观就成了无源之水、无本之木。只有把握发展规律，创新发展理念，转变发展方式，破解发展难题，提高发展质量和效益，才能从根本上把握人民的愿望，把握社会主义现代化建设的本质，把握中国共产党执政兴国的关键。继续推进中国特色社会主义伟大事业，必须深刻领会第一要义，始终贯穿第一要义，切实抓好第一要义。发展对于全面建设小康社会、加快推进社会主义现代化具有决定性意义。可以说，又好又快发展是全面落实科学发展观的本质要求。

首先是快的发展。要解决十几亿人的吃饭穿衣等问题，关键在于发展。我国现代化建设之所以取得举世瞩目的历史性成就，中国共产党之所以能不断巩固和扩大党执政的群众基础，中国之所以能战胜来自国际国内的各种风险挑战，归根到底是由于我国经济持续快速发展，各项社会事业取得很大进步，综合国力显著增强。其次是好的发展。“快”是对经济发展速度的强调，“好”是对经济发展质量和效益的要求。经济发展需要一定的速度，发展中的大国更需要长期保持较快的发展速度，但这种经济发展速度，是建立在优化结构、提高质量和增加效益基础上的发展。从“又快又好发展”到“又好又快发展”，从“经济增长方式”到“经济发展方式”不是一个简单的词序变化和词语变化，其中蕴涵的是在我国经济社会发展新形势新阶段，党中央对科学发展观本质特征认识的深化。构建社会主义和谐社会，深入贯彻落实科学发展观，关键是要紧紧抓住发展这个第一要义，促进经济社会又好又快发展。

2. 科学发展观的核心是以人为本

以人为本是科学发展观的基本理念，是科学发展观的本质和核心。以人为本体现了马克思主义历史唯物论的基本原理，体现了中国共产党全心全意为人民服务的根本宗旨。坚持以人为本，就要始终把实现好、维护好、发展好最广大人民的根本利益作为党和国家一切工作的出发点和落脚点，尊重人民主体地位，发挥人民首创精神，保障人民各项利益，走共同富裕道路，促进人的全面发展。

从哲学层面的意义来看，以人为本是“以物为本”的对立面，是“以少数人为本”的对立面，其核心内涵是以最广大人民的根本利益为本。“以物为本”的发展观和“以人为本”的发展观，是两种对立的发展观。只有坚持以人为本的执政理念，把人民的利益看得高于一切，高度重视人民群众参与监督的积极性，才能在应急监督中及时发现问题，切实维护群众利益，才能在危机状态下赢得民心、凝聚力量，为党和政府赢得良好的国际国内形象。“以少数人为本”的发展观和“以人为本”的发展观，也是两种对立的发展观。坚持以人为本的发展观，就是要做到发展为了人民，发展依靠人民，发展成果由人民共享。总之，人不仅是社会发展的目的而且是最主要的动力。推行“以人为本”的发展战略，要理解“人是目的”及“个人的自由全面发展”是社会发展的内在尺度，“人的自由个性”的充分体现是社会发展的核心内容，而这样的发展才是社会主义发展的真正的推动力。

3. 科学发展观的基本要求是全面协调可持续

科学发展观的基本要求是全面协调可持续。科学发展观要求全面发展，即在经济发展之外，还必须推进社会发展、政治发展、文化发展和人的发展，实现经济发展和社会全面进步。科学发展观也要求协调发展，即统筹城乡、统筹区域、统筹经济社会、统筹人与自然、统筹国内发展和对外开放，促进发展的良性循环，进而推进生产力和生产关系、经济基础和上层建筑相协调，推进经济、政治、文化、社会建设的各个环节、各个方面相协调。科学发展观还要求可持续发展，即在发展经济的同时要充分考虑环境资源生态的承受能力，实现自然资源的永续利用，实现社会经济的持续发展，保持人类和自然的和谐关系。可以说，坚持全面协调可持续发展，涉及我国经济社会全面发展的各个领域各个方面。因此，要正确认识当前发展和长远发展的关系，正确认识局部利益和全局利益的关系，正确认识发展的平衡和不平衡的关系。

4. 科学发展观的根本方法是统筹兼顾

科学发展观的根本方法是统筹兼顾。坚持统筹兼顾，就是既要总览全局，统筹规划，又要抓住牵动全局的主要工作，协调好改革和发展中各方面各领域各地区的各种重大关系，正确认识和妥善处理统筹城乡发展、区域发展、经济社会发展、人与自然和谐发展、国内发展和对外开放等中国特色社会主义事业中的重大关系，使各方面、各个环节的发展相协调。

统筹兼顾是中国共产党人探索社会主义建设、迈向现代化进程中的基本思路。针对我国经济社会发展面临的突出矛盾和问题，胡锦涛提出“五个统筹”的思想，丰富了关于统筹兼顾的思想，是对现代化建设规律认识的深化。在经济社会发展中要做到统筹兼顾，关键是要掌握好、运用好统筹的思想方法，做到统览全局、突出重点、协调各方，使各方面的发展相得益彰，从而更好地推进科学发展。[①] 为此，一要做到统筹规划，二要实现重点突破，三要搞好兼顾平衡。

（三）科学发展观的历史地位

科学发展观是马克思主义基本原理同我国新时期

① 王骏飞、郭丹：《马克思主义中国化的历史进程简明读本》，新华出版社 2012 年版，第 196 页。

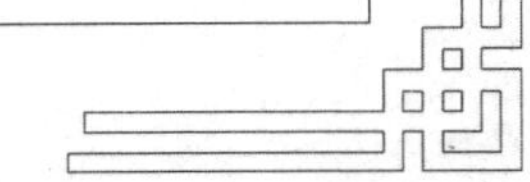

的时代要求相结合的产物，也是对党的三代中央领导集体关于发展的重要思想的继承和发展，是与时俱进的马克思主义发展观。科学发展观创造性地回答了为什么发展、怎么样发展的这两个重大问题，是我国经济社会发展的重要指导方针，是指导党和国家全部工作的强大思想武器，是发展中国特色社会主义必须坚持和贯彻的重大战略思想，是中国共产党必须长期坚持的指导思想。

1. 科学发展观是同毛泽东思想、邓小平理论和“三个代表”重要思想既一脉相承又与时俱进的科学理论

中国共产党在领导中国革命、建设、改革的实践中，把马克思主义基本原理同中国的实际和时代特征相结合，不断推进马克思主义中国化。

任何一种思想体系都是已有的思想文化成果和一定的社会历史条件共同孕育的产物。作为中国特色社会主义理论体系的重要组成部分，科学发展观坚持了马克思主义的基本原理，同马克思主义是一脉相承的，与邓小平理论、“三个代表”重要思想在本质上是相互联系和相互衔接的。新中国成立后，以毛泽东为代表的中国共产党人对适合中国国情的发展道路进行了艰辛探索。毛泽东先后提出了正确处理人民内部矛盾、社会主义建设中的十大关系，坚持统筹兼顾、综合平衡的原则和方针等。十一届三中全会以后，以邓小平为代表的中国共产党人对中国社会主义建设的历史经验教训作了全面总结，明确了“发展生产力是根本任务”，提出了“三个有利于标准”。邓小平不但强调经济发展，也强调社会主义社会应是全面发展、全面进步的社会。以江泽民为代表的中国共产党人继续推进社会主义改革和建设事业，创立了“三个代表”重要思想，包含着全面协调可持续发展的相关理念，开始了科学发展的实际探索。十六大以来，以胡锦涛为总书记的中央领导集体高举中国特色社会主义旗帜，在研究新情况、解决新问题的过程中，系统回答了过去未曾遇到或未曾回答的许多难题，并着眼于丰富发展内涵、创新发展观念、破解发展难题，在发展道路、发展模式、发展战略、发展动力和发展目的等方面提出了一系列新的思想观点，初步形成了马克思主义关于社会主义发展的系统理论，实现了对毛泽东思想、邓小平理论和“三个代表”重要思想关于发展理论的重大突破和发展，使科学发展观成为中国特色社会主义理论体系的重要组成部分。

科学发展观是在发展问题上的一次质的飞跃。它虽然是在邓小平理论和“三个代表”重要思想的基础上形成和发展的，但它不是对前人的发展理论的简单重复，而是把发展理论推进到了一个具有相对独立内容体系的阶段。科学发展观同邓小平理论和“三个代表”重要思想在发展问题上的一脉相承而又与时俱进的关系，它的提出，无论是在马克思主义发展史上还是在中国特色社会主义理论发展史上，都是一个新的里程碑。

2. 科学发展观是发展中国特色社会主义必须长期坚持的指导思想

中国共产党于新世纪之初，在剧烈变化的国际国内大背景下，适应新形势、应对新挑战，对中国特色社会主义建设的成功经验进行了科学的总结，从而正式提出了科学发展观。在全面推进中国特色社会主义建设的历史进程中，中国共产党人不仅十分重视对中国社会主义建设过程中的经验教训的系统总结，更重视对世界各国现代化进程中的经验教训的系统总结。在系统总结国内外发展经验的基础上，科学发展观深刻揭示了经济、政治、文化、社会和生态的运动特点，进一步深化了中国共产党人对经济社会发展一般规律和对人类社会发展规律的认识。

科学发展观既贯穿着唯物史观，立足于人类历史活动的实践过程，对人与人、人与社会、人与自然三大关系进行了科学归纳，深刻揭示了经济社会发展的规律，深化了对当代中国经济社会发展规律和趋势的认识。同时，科学发展观又贯穿着唯物辩证法，要求人们全面地、联系地、发展地看待发展问题，顺应了当今世界的发展潮流，反映了当代发展的最新理念。科学发展观揭示了发展的本质和内涵，是指导我们认识发展的根本观点。科学发展观在实践中不断丰富发展，已经形成一个战略思想体系，内含着发展道路、发展模式、发展战略、发展主体、发展动力、发展目的和发展要求等一系列战略思想要素，涉及生产力和生产关系、经济基础和上层建筑的各个环节，贯穿中国特色社会主义伟大事业和党的建设新的伟大工程的各个方面，是中国共产党执政理念的丰富和发展，是全面建设小康社会、加快推进社会主义现代化的根本指针，对发展中国特色社会主义具有关系全局性长期性的深远意义。[①] 科学发展观是一个开放的思想体系，建设中国特色社会主义的伟大事业才刚刚起步，

① 王骏飞、郭丹：《马克思主义中国化的历史进程简明读本》，新华出版社 2012 年版，第 201 页。

发展的道路上还有无数的挑战，许多问题还有待于进一步探索，来自于当代中国改革开放和现代化建设伟大实践的科学发展观，还要在亿万人民建设中国特色社会主义的伟大实践中不断丰富和发展。

六、中国特色社会主义理论体系的结构特征

中国特色社会主义理论体系包括是邓小平理论、“三个代表”重要思想、科学发展观等重大战略思想，但它并不是邓小平理论、“三个代表”重要思想、科学发展观等重大战略思想的简单叠加，而是由一系列有着内在逻辑性的基本观点、基本理论构建成的科学体系。这个体系大体包括十四个基本理论：社会主义本质论、初级阶段论、时代论、党的基本路线、改革开放论、经济论、政治论、文化论、社会论、国际战略论、军队国防论、和平统一论、党建论、党的思想路线。但作为体系研究，我们不能仅止于平面的罗列，还需要对其逻辑结构进行深入剖析，把各个基本理论观点在整个体系内部的地位、作用以及相互内在

逻辑关系厘清，才便于深刻理解把握其丰富内涵和精神实质。这十四个基本理论分为理论基石、基本内容、理论核心、体系灵魂等四个层次。

（一）中国特色社会主义理论体系的理论基石

社会主义本质论、初级阶段论、时代论共同构成中国特色社会主义理论体系的基石部分。三者都有各自的特点和作用，但它们又是有机的不可分割的统一整体。社会主义本质论是对科学社会主义基本原则的更深层次的揭示和理解，中国特色社会主义理论体系的其他理论、观点实际上都是它的延伸和反映，都是以它为立论前提和基础。初级阶段论准确地揭示了中国社会现阶段的历史方位，是构建中国特色社会主义理论体系的客观依据和出发点。时代论是中国共产党关于时代问题的理论创新和科学论断，主要包括时代特征、时代变革、时代思维、时代走向等理论观点。从空间来看要求必须具有世界眼光，从时间来看应该站在世界时代潮流的最前沿。当今世界发生深刻变革，中国的发展离不开世界，世界的发展也离不开中国，互动关系非常密切。在经济全球一体化、政治多极化、科技信息化的新时代，马克思主义中国化必须吸收人类文明一切优秀成果包括发达资本主义在内的世界先进经验的滋养，同时必须回应国际上新时期不断出现的重大理论和实践课题，譬如世界上普遍面临的经济危机、金融风暴、生态恶化、恐怖主义等一系列问题。因此，理论创新必须结合时代特征，赋予鲜明的时代感。在全球化愈益明显，时代特征日益突出的新时期，中国特色社会主义理论体系的理论基石还应包括时代论。

社会主义本质论、初级阶段论、时代论是不可分割的统一有机整体。建设和发展中国特色社会主义必须坚持社会主义本质论，否则就不称其为社会主义；同时必须结合初级阶段的中国实际国情，根据我国仍处于并将长期处于社会主义初级阶段的基本国情，人民日益增长的物质文化需要同落后的社会生产之间的社会主要矛盾，一切从中国的具体实际出发，不然就不能称其为中国特色。此外，还必须紧密结合时代特征，站在时代高度，把握时代脉搏，否则中国特色社会主义理论体系就会落后于时代潮流，中国特色社会主义事业便会陷入孤立困境。正如习近平指出：“中国特色社会主义理论体系，是科学社会主义基本原则同中国实际和时代特征相结合的产物。”这就启示我们深刻认识到社会主义本质论、初级阶段论、时代论在中国特色社会主义理论体系构建中的极其重要地位，具有基石作用。

（二）中国特色社会主义理论体系的基本内容

中国特色社会主义理论体系的基本内容包括改革开放论、经济论、政治论、文化论、社会论、国际战略论、军队国防论、和平统一论、党建论等。它们实际上都是以“社会主义本质论、初级阶段论、时代论”的理论基石为立论前提和基础。

改革开放论——作为一场新的伟大革命，为社会发展提供动力的改革开放理论。基本观点包括：改革的目的是解放和发展生产力、发展中国特色社会主义；改革的性质是社会主义的自我完善；改革的原则是坚持公有制和共同富裕；改革的方式是全面的渐进式的；衡量改革成败的标准是“三个有利于”。开放必须是全方位的开放，主要指对外开放，在广义上还包括对内开放，要求从封闭半封闭的社会向全方位开放的社会转变。改革开放必须同坚持四项基本原则相结合，坚持推动经济基础变革同推动上层建筑改革相结合，坚持促进改革发展同保持社会稳定相结合，等等。

经济论——以建设社会主义市场经济为中心的中国特色社会主义经济建设理论。基本观点包括：在基本经济制度方面，以公有制为主体、多种所有制经济共同发展的所有制结构，健全现代市场体系；在基本分配制度方面，以按劳分配为主体、多种分配方式并存；在经济管理体制方面，计划和市场相结合，发挥市场在社会主义国家宏观调控下对资源配置的基础性作用，深化财税、金融等体制改革，完善宏观调控体系；在经济发展方式方面，提高自主创新能力，转变发展方式，统筹城乡区域协调发展，拓展对外开放广度和深度，走中国特色新型工业化道路，建设生态文明，等等。

政治论——坚持党的领导、人民当家作主、依法治国有机统一的中国特色社会主义政治建设理论。基本观点包括：在社会主义政治制度建设方面，坚持和完善人民代表大会制度、中国共产党领导的多党合作和政治协商制度、民族区域自治制度以及基层群众自治制度，壮大爱国统一战线，团结一切可以团结的力量；在社会主义民主法制建设方面，积极稳妥地扩大人民民主，发展基层民主，保证人民当家作主，完善制约和监督机制，落实依法治国基本方略，健全中国特色社会主义法律体系，建设社会主义法治国家；在社会主义政治体制改革方面，推进行政管理体制改革，转变政府职能，建设服务型政府，等等。

文化论——建设社会主义核心价值体系为主导的中国特色社会主义文化建设理论。基本观点包括：在社会主义文化意识形态方面，以马克思主义为指导，坚持党对文化事业的领导，确保正确导向和宏观控制力，坚持为人民服务、为社会主义服务的方向；在社会主义先进文化建设方面，坚持马克思主义指导思想一元化和社会文化多样性相统一，坚持百花齐放、百家争鸣，建设和谐文化，提高国家文化软实力，推进文化创新，增强文化发展活力和全民族文化创造活力，继承历史文化优秀传统，吸取世界文化有益成果，发展面向现代化、面向世界、面向未来的民族的科学的大众的中国特色社会主义先进文化；在文化体制改革方面，改革文化创新体制机制，推进文化产业化，加强国际文化交流，繁荣文化市场，等等。

社会论——以建设和谐社会为目标的中国特色社

会主义社会建设理论。基本观点包括：和谐社会建设的总要求是民主法治、公平正义、诚信友爱、充满活力、安定有序、人与自然和谐相处；和谐社会建设的重点是改善民生，缩小收入差距；和谐社会建设的原则是共同建设、共同享有，努力使全体人民学有所教、劳有所得、病有所医、老有所养、住有所居；和谐社会建设的战略举措是优先发展教育，扩大就业，健全社会保障体系，完善社会管理，深化收入分配制度改革，建立基本医疗卫生制度，提高全民健康水平；和谐社会建设的前景是全体人民各尽其能、各得其所而又和谐相处，等等。

国际战略论——互利共赢的开放性国际战略和独立自主的和平外交理论。基本观点包括：在国际政治上，遵循联合国宪章宗旨和原则，恪守国际法和公认的国际关系准则，相互尊重、平等协商，弘扬民主、和睦、协作、共赢精神，共同推进国际关系民主化和政治多极化，始终不渝地走和平发展道路，坚持在和平共处五项原则的基础上同所有国家发展友好合作；在国际贸易上，相互合作、优势互补，共同推动经济全球化朝着均衡、普惠、共赢方向发展，始终不渝地奉行互利共赢的开放战略；在文化交流上，相互借鉴，求同存异，尊重世界文化多样性，共同促进人类文明繁荣进步；在国际安全上，相互信任、加强合作，坚持用和平方式解决国际争端，共同维护世界和平稳定；在地球环保上，凝聚共识、加强合作，责任共担、相互帮助，协力推进，坚持节能减排，保护生态环境，等等。

军队国防论——以保卫和建设中国特色社会主义为使命的军队国防建设理论。基本观点包括：军队建设必须坚持党对军队的绝对领导，军队革命化、现代化、正规化统一协调推进；国防建设方针是积极防御，国防建设与经济建设协调发展，完善国防动员体系，提高预备役部队和民兵建设质量；军队国防建设的历史使命是“三个提供，一个发挥”；在中国特色军事变革上，以信息化为核心和本质，走中国特色的精兵之路，坚持军事理论、军事技术、军事组织、军事管理创新，等等。

和平统一论——以“一国两制”为原则的祖国和平统一理论。基本观点包括：和平统一的核心和基础是以一个中国为前提，坚决反对任何“台湾独立”的言行，坚决反对外国势力插手和干涉台湾问题；和平统一的原则是以社会主义制度为主体，两种制度并存，保持香港、澳门长期繁荣稳定，实行高度自治；和平统一的实现方式是努力争取和平统一，寄希望于台湾人民，积极促谈和两岸“三通”，等等。

党建论——以建设先进的马克思主义执政党为目标、以改革创新精神全面推进党的建设新的伟大工程的党建理论。基本观点包括：建设目标方面，建设以立党为公、执政为民的先进马克思主义执政党为目标；思想建设方面，始终以思想理论建设为根本建设，坚持党的思想路线，深入学习贯彻中国特色社会主义理论体系，着力用马克思主义中国化最新成果武装全党；组织建设方面，健全民主集中制，推进党内民主建设，增强党的团结统一，建设学习型党组织，把执政能力建设和先进性建设作为执政党建设的根本任务，坚持科学执政、民主执政、依法执政，建设高素质领导班子和人才队伍，深化干部人事制度改革，加强基层党的建设，发挥党委领导核心作用、基层党组织战斗堡垒作用、共产党员先锋模范作用；作风建设方面，坚持理论联系实际、密切联系群众、批评和自我批评的作风，谦虚谨慎，艰苦奋斗，求真务实，以优良党风促政风带民风；制度建设方面，不断推进制度创新，建立健全以党章为根本、以民主集中制为核心的制度体系；反腐倡廉建设方面，坚持标本兼治、综合治理、惩防并举、注重预防的方针，严格执行党风廉政建设责任制，坚决惩治腐败，等等。

（三）中国特色社会主义理论体系的理论核心

中国特色社会主义理论体系由一系列基本理论、基本观点构成，其理论核心应该是党的基本路线。它是立论在“社会主义本质论、初级阶段论、时代论”理论基石的基础上。党的“一个中心，两个基本点”的基本路线是社会主义本质的内在要求和鲜明体现，也是以初级阶段为客观依据，同时也是现时代的内在要求。

党的基本路线是在总结建党以来正反两方面的宝贵经验教训，深刻认识社会主义初级阶段基本国情的基础上制定出来的。党的基本路线集中体现了全国各族人民的根本利益和愿望要求，是我们党和国家的生命线。胡锦涛在十七大上指出，“以经济建设为中心是兴国之要，是我们党、我们国家兴旺发达和长治久安的根本要求；四项基本原则是立国之本，是我们党、我们国家生存发展的政治基石；改革开放是强国之路，是我们党、我们国家发展进步的活力源泉”。

这一精辟的科学论断深刻阐明了党的基本路线在中国特色社会主义建设中的极端重要性。它既是坚持中国特色社会主义道路的总纲，也是中国特色社会主义理论体系的核心。中国特色社会主义的一切理论和实践都必须毫不动摇地围绕和坚持党的基本路线这个理论核心。

党的基本路线作为中国特色社会主义理论体系的理论核心，同时也是其他基本理论、基本观点的总的纲领。中国特色社会主义理论体系的基本内容都是理论核心在理论形态上的具体展开，并紧密围绕理论核心建立阐述各自的理论观点。

（四）贯穿中国特色社会主义理论体系的灵魂

党的思想路线是构建中国特色社会主义理论体系和发展中国特色社会主义的方法论，是贯穿中国特色社会主义理论体系的灵魂。党的思想路线是能够认识和提出其他基本理论的思想武器，辐射贯穿于这个体系的理论基石、基本内容、理论核心之中。党的思想路线与中国特色社会主义理论体系的基本理论、基本观点不是并列的关系，而是贯穿于中国特色社会主义理论体系形成的全过程，是建设和发展中国特色社会主义的方法论和科学指南。如果不能解放思想、实事求是、与时俱进，就不能从对社会主义教条式的认识中解放出来，就不能创立社会主义本质论；如果不能解放思想、实事求是、与时俱进，彻底否定“以阶级斗争为纲”的错误理论和实践，就不能作出以经济建设为中心、实行改革开放的历史性决策，就不能毫不动摇地坚持党的基本路线；如果不能解放思想、实事求是、与时俱进，就不能认清经济社会发展不平衡对建设和谐社会的危害性，就不能把社会建设置于与经济建设、政治建设、文化建设并列为四位一体的战略高度。胡锦涛指出：“解放思想、实事求是、与时俱进，是马克思主义活的灵魂，是我们适应新形势、认识新事物、完成新任务的根本思想武器”，是“发展中国特色社会主义的一大法宝”。

实践表明，面对十年“文化大革命”造成的危难局面，以邓小平为核心的第二代中央领导集体如果不能解放思想、实事求是，就不能彻底否定“文化大革命”的错误，科学评价毛泽东的历史地位和毛泽东思想；如果不能解放思想、实事求是，就不能深刻揭示社会主义本质，提出“三个有利于”的判断标准，把握社会主义和资本主义的本质区别；如果不能解放思想、实事求是，就不能打破人们长期形成的把计划经济与市场经济作为区别社会主义和资本主义两种社会制度的标准的传统观念，就不能提出社会主义也可以有市场经济的崭新论断。以江泽民为核心的党的第三代中央领导集体，继承和坚持了解放思想、实事求是的思想路线，并把与时俱进丰富发展到党的思想路线中去，创造性地提出了“三个代表”重要思想，坚持不懈地推进中国特色社会主义伟大事业。以胡锦涛为总书记的中央领导集体，坚持党的思想路线，发扬求真务实、改革创新的精神，不断开辟马克思主义新境界，提出了科学发展观等重大战略思想，继续推动改革开放和现代化建设事业科学发展，为中国特色社会主义事业的发展开拓广阔的前景。回顾改革开放以来中国特色社会主义理论体系的形成和发展历程，邓小平理论、“三个代表”重要思想以及科学发展观等重大战略思想都是在坚持和贯彻党的解放思想、实事求是、与时俱进思想路线这一灵魂基础上创立和发展的。①

① 郑德荣：《中国特色社会主义理论体系逻辑结构剖析》，《思想理论教育导刊》2010年第12期。

解放思想，实事求是，与时俱进是我们党的思想路线，是我们推进中国特色社会主义事业的根本思想武器，是中国特色社会主义理论体系的活的灵魂。坚持以中国特色社会主义理论体系为指导，就必须坚持党的思想路线这个活的灵魂。正如习近平指出："抓住机遇需要进一步解放思想，应对挑战需要进一步解放思想，解决前进道路上的突出矛盾和问题需要进一步解放思想，夺取全面建设小康社会新胜利、开创中国特色社会主义事业新局面更需要进一步解放思想"，他进一步要求全党充分认识解放思想的极端重要性，强调指出："在新的时代条件下、新的历史起点上、新的发展进程中，坚持以中国特色社会主义理论体系为指导，坚定不移地继续解放思想，创新发展理念、创新发展思路、创新发展举措、创新领导方法，更加自觉地把继续解放思想落实到坚持改革开放、推动科学发展、促进社会和谐上来。"

总之，我们在深化学习中国特色社会主义理论体系的过程中，应该深入研究它的丰富内涵。

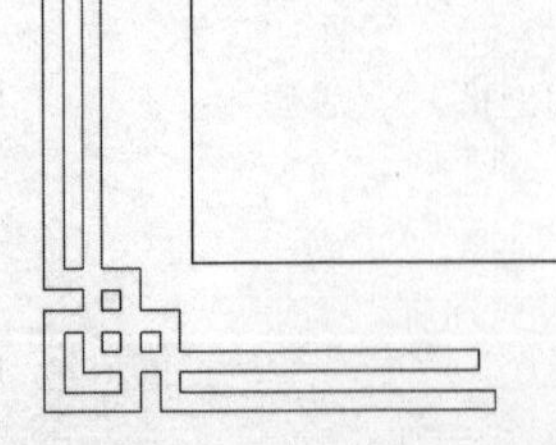

七、马克思主义中国化理论创新的基本特征

建党以来，中国共产党不断推进马克思主义中国化理论创新，一次次地实现重大飞跃，形成了包括毛泽东思想、邓小平理论、“三个代表”重要思想和科学发展观在内的一系列代表性的理论成果，为中国革命建设改革提供了科学的理论指导。马克思主义中国化理论创新具有一脉相承的继承性、与时俱进的时代性、理论主题的统一性、价值趋向的民本性等基本特征，体现了鲜明的理论特色。

（一）一脉相承的继承性

马克思主义是不断发展的科学理论，是一个开放的思想体系，始终随着时代变革而发展变化。中国共产党建立九十多年以来的历史，就是马克思主义基本原理与中国具体实践相结合，并根据不断变化的历史条件进行理论创新，开创马克思主义新境界的历史。毛泽东思想和中国特色社会主义理论体系，是中国共产党深刻总结国际、国内形势和党的全部历史经验，对马克思主义进行理论创新的集中成果，它既坚持马克思列宁主义，又发展了马克思列宁主义，体现了一脉相承的继承性。

毛泽东思想和中国特色社会主义理论体系坚持继承与创新的统一，既坚持了马克思主义，又发展了马克思主义，体现了马克思主义唯物辩证法的本质要求。唯物辩证法认为，物质世界是不断运动和变化的。在理论创新过程中，只有坚持马克思主义基本原理，才能结合实践发展要求创造新鲜经验。要善于在解放思想中统一思想，用发展着的马克思主义指导新的实践。建党九十多年来，党内对待马克思主义有两种方式：一种是把马克思主义看做一成不变的绝对真理的教条主义；另一种是把马克思主义看做行动指南，根据它的基本原则和不断变化的客观实际探索解决问题的现实答案，真正体现了辩证法的本质要求。

时代在发展，实践无止境，人们探求真理的过程亦无止境。中国马克思主义者是在继承和发展的辩证统一过程中不断发展与创新马克思主义理论的。在推进马克思主义中国化实践过程中，中国共产党坚持马克思主义基本原理，因为党的奋斗目标及世界观和历史观都源于马克思主义。没有继承就没有发展，没有发展也就难以科学地继承。毛泽东在新民主主义革命、社会主义革命时期和社会主义建设初期，坚决捍卫马克思列宁主义，坚持马克思主义的基本原理与中国实际相结合，创立了毛泽东思想。

在新的历史时期，以邓小平为核心的党的第二代中央领导集体继承了马克思、列宁和毛泽东的社会发展理论，结合中国实际对中国社会主义建设道路问题进行深入研究和探索，形成了邓小平理论。改革开放伊始，围绕如何发挥社会主义制度优越性问题，邓小平要求全党“把怎么样建设和发展社会主义搞清楚”，“特别要注意经济发展速度滑坡的问题”，做事情“不能像小脚女人一样”，鼓励大家解放思想，只要有利于社会主义事业，“能发展就不要阻挡，有条件的地方要尽可能搞快点”，提出了“发展才是硬道理”的著名论断。对于如何科学认识计划与市场关系问题，邓小平提出，计划多一点还是市场多一点，不是社会主义与资本主义的本质区别，“资本主义与社会主义的区分不在于是计划还是市场这样的问题，社会主义也有市场经济，资本主义也有计划控制”。在此基础上，强调计划和市场都是经济手段和方法，只要对发展生产力有好处就可以利用；只要它为社会主义服务，就是有利于社会主义发展。在该理论的指导下，确立了正确的社会主义发展观，进一步深化了马克思主义、毛泽东思想中有关社会主义问题的理论认识。

十三届四中全会以来形成的“三个代表”重要思想是马克思主义中国化的崭新成果，是继毛泽东思想、邓小平理论之后以江泽民为核心的党的第三代中央领导集体治党治国指导思想实现与时俱进的又一重要标志。一方面，“三个代表”重要思想坚持马克思主义的科学世界观和方法论，创造性运用它们分析当今世界和中国的实际。“三个代表”重要思想坚持发展了马克思主义关于“坚持党的最高纲领和最低纲领的统一”、关于“无产阶级政党必须植根于人民的政治立场”、关于与时俱进“是马克思主义最重要的理论品质”等理论。另一方面，又继承发展了毛泽东、邓小平的关于党的建设思想及关于建设中国特色社会主义理论。江泽民指出，“三个代表”的要求，是根据我们党的性质、宗旨和历史经验、现实需要提出来的，也是为了在新的时期新的实践中更好地全面落实毛泽东思想、邓小平理论关于党的建设的要求提出来的。“三个代表”重要思想继承了毛泽东在探索适合中国国情的社会主义建设道路方面所取得的科学思想成果，特别是直接继承、丰富和发展了邓小平建设有中国特色的社会主义理论。

人类社会的发展，特别是社会主义社会的发展问题，是马克思主义理论的重要组成部分。十六大以来，以胡锦涛为总书记的中央领导集体解放思想，求真务实，开拓进取，在坚持马克思主义、毛泽东思想、邓小平理论和“三个代表”重要思想基础上，面对21世纪中国改革发展的新状况和新特点，对新时期社会主义事业进行了更为深入的探索，确立了科学发展观，构建了以科学发展观为核心的马克思主义中国化理论创新的最新理论体系。科学发展观是与时俱进的马克思主义发展观，它坚持了马克思主义经典作家关于社会发展的重要思想。早在新民主主义革命时期，中共第一代领导集体就特别强调发展对于革命事业的重要性，特别是新中国成立之后党领导人民不断从事经济建设，为革命的胜利和新政权的巩固奠定了重要物质基础。改革开放以来，中共第二代中央领导集体按照“三步走”发展战略，强调社会主义的根本任务是发展生产力，“发展才是硬道理”。中共第三代领导集体制定“新三步走”发展战略，强调发展是党执政兴国的第一要务，实现了中国的跨世纪发展。在此基础上，以胡锦涛为总书记的党中央坚持以经济建设为中心，坚持用发展的办法解决前进中的问题，认真研究和回答中国社会主义经济建设、政治建设、文化建设、社会建设和党的建设面临的一系列重大问题，真正体现了继承性和发展性的有机统一，既为马克思主义理论宝库增添了新内容，又成为中国特色社会主义理论的有机构成部分。①

① 王海军：《改革开放以来中国共产党理论创新基本经验研究》，中共党史出版社 2012 年版，第 216 页。

（二）与时俱进的时代性

毛泽东思想和中国特色社会主义理论体系既是系统的科学理论，同时又是随着时代不断发展的科学理论，有较强的实践性，鲜明体现了与时俱进的时代性特征。随着今后时代发展和改革进程的加快，这些创新理论成果仍处于不断丰富和发展的历史进程当中。

马克思主义中国化理论创新的鲜明时代性特征是马克思主义理论本身发展的内在要求。20 世纪初，在马克思主义的指引下，俄国爆发了十月革命，使社会主义由空想变成科学，由此世界进入无产阶级领导的社会主义革命时代，推进了国际共产主义运动的发展。十月革命给中国送来了马克思列宁主义，使中国革命开始走上新民主主义革命的新道路。在中国共产党领导民主革命的过程中，围绕着中国应当建立什么样的政权和怎样夺取政权问题，以毛泽东为主要代表的中国共产党人在马克思列宁主义的指导下结合近代中国的国情进行了长期不懈的探索，最终形成马克思主义中国化的理论创新成果即毛泽东思想，它是时代发展的必然产物，鲜明地回答了在半殖民地半封建的中国应该解决的系列问题，创新了马克思主义的科学理论体系。

改革开放以来，在和平与发展的时代背景下，以邓小平为核心的党的第二代中央领导集体围绕着“什么是社会主义、怎样建设社会主义”这一基本问题在领导改革开放实践中进行了大胆探索，形成了马克思主义中国化的创新理论成果即邓小平理论，全面系统地回答了在当前经济全球化趋势不断增强，科技革命迅速发展，产业结构调整步伐加快，国际竞争更加激烈的形势下建设社会主义面临的系列理论问题，充分显现了理论创新的时代性。邓小平理论紧跟时代步伐，把握时代发展脉搏，科学运用马克思主义基本原理解决当代中国社会主义建设所面临的重大理论和实践问题，丰富发展了马克思主义，鲜明体现了马克思主义与时俱进的时代品格。

十三届四中全会以来，中国进入全面建设小康社会时期，现代化建设进入新的发展阶段，经济社会生活面临着新矛盾、新问题，社会结构的新变化，人们生活方式、思维方式的新变化，给马克思主义者进行理论创新提出了新的挑战。以江泽民为核心的党的第三代中央领导集体科学判断党的方位，在团结和带领全国各族人民建设小康社会的历史进程中，创造性运用马克思主义、毛泽东思想和邓小平理论，紧密结合新的改革实践，创造性地提出了马克思主义中国化的崭新成果即“三个代表”重要思想。“三个代表”重要思想进一步回答了“什么是社会主义、怎样建设社会主义”的问题，创造性回答了“建设什么样的党、怎样建设党”这一带有全局性的根本问题，进一步深化了对党自身建设规律和中国特色社会主义建设规律的认识，是对马克思主义、毛泽东思想和邓小平理论的发展，反映了当代世界和中国的发展变化对党和国家工作提出的新要求。

十六大以来，中国共产党立足于国内外形势发展的新变化，以胡锦涛为总书记的中央领导集体在深入分析国内外经济社会发展经验教训和中国经济社会发展阶段性特征基础上，提出了一系列适应新时期社会经济发展要求的重要执政思想，又一次实现了马克思主义的理论创新，创立了马克思主义中国化的最新理论成果即科学发展观，要求更加严格地遵循执政规律和全面建设小康社会的必然要求，使全面建设小康社会真正建立在求真务实的基础上，做到在经济发展的基础上促进社会的全面进步，不断提高人民生活水平，实现中国共产党立党为公、执政为民的目的。科学发展观是改革开放以来党推进理论创新形成的理论成果，着力回答了“实现什么样的发展、怎样发展”的时代课题，完善了21世纪中国现代化建设的发展道路、发展模式和发展战略，赋予马克思主义关于发展的理论以新的时代内涵和实践要求，进一步丰富了中国特色社会主义理论体系。[①]

（三）理论主题的统一性

在中国共产党的理论创新过程中，贯穿于其中的鲜明主题就是革命与战争、和平与发展，这是党在改革开放新时期坚持的一面重要旗帜。坚持走自己的路，建设中国特色社会主义，这既是我们从社会主义建设实践中得出的一条宝贵经验，又是几代中国共产党人通过长期探索所做的正确选择，是中国共产党人的一个重要创造。民主革命时期，以毛泽东为主要代表的中国共产党人经过长期斗争，找到新民主主义这个时代主题。社会主义建设时期特别是改革开放以

① 王海军：《改革开放以来中国共产党理论创新基本经验研究》，中共党史出版社2012年版，第228页。

来，党经过长期探索，又找到中国特色社会主义这个时代主题，这是当代中国共产党人在新时期理论创新过程中孜孜以求的重大命题。

在国际共产主义运动的不同历史时期，马克思主义经典作家在推动马克思主义理论创新实践中，都根据不同时代特点系统解答社会现实所提出的重大理论和实践课题，从不同程度上推动了社会变革和历史进步。例如，马克思、恩格斯在“战争与革命”时代主题下主要回答了“什么是科学社会主义”的时代课题。列宁结合俄国的具体国情，主要回答了“社会主义能在一国首先胜利”的时代课题。毛泽东主要回答了“在半封建半殖民地的中国如何进行新民主主义革命”的时代课题。进入改革开放新时期以来，在“和平与发展”时代主题下，中国共产党历届中央领导集体围绕建设和发展中国特色社会主义这一时代主题，系统回答了“什么是马克思主义、怎样对待马克思主义”，“什么是社会主义、怎样建设社会主义”，“建设什么样的党、怎样建设党”及“实现什么样的发展、怎样发展”等重大理论问题，形成包括邓小平理论、“三个代表”重要思想及科学发展观等重大战略思想在内的中国特色社会主义理论体系。

中国特色社会主义是当代中国发展进步的一面旗

帜，改革开放以来党的所有理论创新都紧扣中国特色社会主义这一时代主题。从中共十三大开始，党的每次代表大会都把中国特色社会主义作为主题，围绕着“什么是中国特色社会主义和怎样建设中国特色社会主义”展开论述。中共十三大的主题是“沿着有中国特色的社会主义道路前进”，在此基础上提出党在社会主义初级阶段的基本路线。中共十四大的主题是“加快改革开放和现代化建设步伐，夺取有中国特色社会主义事业的更大胜利”，明确地把建立社会主义市场经济体制作为经济体制改革的目标。中共十五大的主题是“高举邓小平理论伟大旗帜，把建设有中国特色社会主义事业全面推向二十一世纪”，提出社会主义政治、经济、文化三个文明协调发展的思想。中共十六大的主题是“全面建设小康社会，开创中国特色社会主义事业新局面”。中共十六届六中全会指出，社会和谐是中国特色社会主义的本质属性。这个重大判断是党坚持求真务实思想路线的认识成果，深刻揭示了社会和谐与社会主义的内在联系，是总结国内外社会主义建设特别是中国社会主义建设历史经验得出的重要结论。中共十七大明确提出“高举中国特色社会主义伟大旗帜”，提出社会主义的政治建设、经济建设、文化建设和社会建设各个方面相协调的思想。①

（四）价值趋向的民本性

理论的作用总是与人民的利益密切相连的，理论创新的根本出发点，就是为最广大人民群众服务。马克思主义唯物史观认为，人类的一切认识和实践活动都是基于全人类的发展和进步所进行的不懈努力。马克思主义理论之所以能够掌握群众，原因是代表了大多数人的利益。人民群众积极性、主动性和创造性的充分发挥是党事业成功的重要保证。在中国长期革命和建设实践中，党逐步确立了“一切为了群众，一切依靠群众，从群众中来，到群众中去”的群众路线。党坚持马克思主义群众观，坚持人民群众是历史创造者观点，在执政过程中，始终相信群众和依靠群众。

中国共产党进行的理论创新都是从坚信人民群众利益的需要展开的，集中体现坚持人民利益至上的人

① 王海军：《改革开放以来中国共产党理论创新基本经验研究》，中共党史出版社2012年版，第249页。

民性特点。毛泽东思想之所以成为党的指导思想，源于它集中代表了中国最广大人民的根本利益，反映了人民的愿望，成为推进中国革命胜利和社会主义建设发展的强大思想理论武器。

理论创新的最终目的，归根结底要表现对社会生产力的发展和人民物质文化生活的改善上。邓小平把人民群众“拥护不拥护、赞成不赞成、高兴不高兴、答应不答应”作为制定各项方针政策的出发点和归宿。邓小平确立的衡量一切工作的“三个有利于”根本标准，把是否有利于提高人民生活水平作为判断各项工作是非得失的重要标准之一，体现了从实际出发和从人民的根本利益出发的真理标准和价值标准的统一。

以江泽民为核心的中国共产党第三代中央领导集体依然继续强调要把人民群众利益放在首位，把实现好、维护好和发展好人民群众的根本利益作为“最大最重要的政治”提出来，被称为立党之本、执政之基、力量之源的“三个代表”重要思想就是人民利益在理论方面的重要体现，“三个代表”重要思想把“代表中国最广大人民的根本利益”作为发展先进生产力、发展先进文化的出发点和归宿，实质上是在邓小平理论的基础上对党的根本宗旨进行新的阐释。[①]

人民群众是历史的真正主人，是推动社会发展的决定性力量。坚持以人为本，正是中国共产党根据历史唯物主义这一重要原理提出来的，这与党全心全意为人民服务的根本宗旨和立党为公、执政为民的本质要求是完全一致的。坚持以人为本，就是要以实现人的全面发展为目标，从人民群众的根本利益出发谋发展、促发展，不断满足人民群众日益增长的物质文化需要，切实保障人民群众的经济、政治和文化权益，让发展的成果惠及全体人民。以胡锦涛为总书记的党中央继续在理论创新过程中紧紧围绕人民利益的需要，高度关注民生问题，明确提出以人为本、执政为民的发展理念，使“以人为本”成为我们党进行创新理论的最终价值取向，让广大群众切实感受到改革开放所带来的新成就，从而更加坚定跟党走中国特色社会主义道路的信心和决心。

---

① 王海军：《改革开放以来中国共产党理论创新基本经验研究》，中共党史出版社 2012 年版，第 237 页。

八、中国共产党推进马克思主义中国化的基本经验

马克思主义是科学的理论，是我们行动的指南，实践性是其根本属性，只有不断和实际相结合才能展示其巨大的生命力。马克思主义中国化就是马克思主义同中国实际相结合、用具有中国风格和中国气派的中国化马克思主义指导中国革命、建设和改革的过程。当前，推进马克思主义中国化的伟大实践，客观上要求我们更加深刻地理解马克思主义中国化的历史经验。

第一，从马克思主义中国化的意义看，中国革命、建设和改革事业，需要用马克思主义中国化最新理论成果作为根本指针。

中国共产党人对马克思主义中国化的必然性的认

识，经历了曲折的历程，在前进与曲折、胜利与失败的交错中，以血的代价换取了由自发到自觉、由少数人的觉醒到多数人的觉醒，最后成为全党的共识。以毛泽东为主要代表的中国共产党人深刻认识到，用马克思主义指导中国革命，关键在于把马克思主义与中国革命、建设实践相结合。由此我们党实现了马克思主义中国化的第一次历史性飞跃，毛泽东思想被确立为全党的指导思想。在它的指引下，中国共产党领导人民战胜艰难险阻，取得了新民主主义革命和社会主义革命、建设的伟大胜利。

马克思主义成为中国革命、建设和改革事业的根本指针，主要在于革命、建设和改革事业的内在需求。“理论在一个国家的实现程度，总是决定于理论满足这个国家的需要的程度。”马克思主义基本原理是适合中国社会需要的，同时我们又把它与中国具体实践相结合，使马克思主义中国化，创造出了中国化的马克思主义理论成果。正如毛泽东所指出的：“马克思列宁主义来到中国之所以发生这样大的作用，是因为中国的社会条件有了这种需要，是因为同中国人民革命的实践发生了联系，是因为被中国人民所掌握了。任何思想，如果不和客观的实际的事物相联系，如果没有客观存在的需要，如果不为人民群众所掌握，即使是最好的东西，即使是马克思列宁主义，也是不起作用的。”

第二，从马克思主义中国化的内涵看，马克思主义既要民族化，也要与时代特征相结合。

毛泽东在提出马克思主义中国化命题时即蕴含着与时代特征相结合的思想。毛泽东没有特别提出与时代特征相结合的问题，但他是把中国问题放在大的时代背景下来考察的。在《新民主主义论》中，毛泽东客观地分析了“无产阶级的社会主义的世界革命”的特点，具体地分析了“处在这种时候”的中国革命的世界意义，得出了“中国革命是世界革命的伟大的一部分”的科学结论，这就是毛泽东对于时代特征的把握。这实际就是把中国的问题放在宏观时代背景下来看待。推进马克思主义中国化必须有世界眼光，必须把中国纳入整个世界的发展潮流与时代背景中去，用马克思主义的宽广眼界观察世界与中国。毛泽东当年处于帝国主义和无产阶级革命时代，准确把握了战争与革命的时代特征，把中国革命放到世界革命的背景下加以考量，强调“全世界无产阶级和被压迫民族联合起来”，强调爱国主义与国际主义的统一，明确指出中国革命是世界无产阶级革命的一部分。邓小平准确把握了和平与发展的时代特征，抓住经济文化落后国家如何建设社会主义这个主题，把中国的建设与发展放到和平与发展的世界背景下加以思考，提出以经济建设为中心，实行改革开放，抓住机遇发展自己的战略方针。这都体现了中国共产党人用马克思主义的宽广眼界观察问题的远见卓识。

由此我们还可以看到，马克思主义中国化是具体的、历史的，其内涵是不断发展的。当今世界处于大变革大调整之中，政治、经济、科技、文化、军事等都发生了巨大变化，和平与发展成为时代主题。马克思曾经说过："任何真正的哲学都是自己时代精神的精华。"任何理论都是时代的产物，任何理论的发展都是时代推动的结果。马克思主义具有与时俱进的品格，它要求我们站在时代前列，从时代特征出发，顺应时代潮流，紧跟时代前进的步伐。党的十四大报告中说："建设有中国特色社会主义的理论，是在和平与发展成为时代主题的历史条件下……逐步形成和发展起来的。它是马克思列宁主义基本原理与当代中国实际和时代特征相结合的产物"，强调了中国实际和时代特征两个方面。

第三，从马克思主义中国化的实质看，马克思主义要中国化，中国的革命、建设和改革发展的实践经验也要马克思主义化。

马克思主义中国化，就是要从中国国情出发把马克思主义理论运用于中国具体的环境，使马克思主义在中国具体化，使之在其每一表现中带着必须有的中国的特性。也就是说，马克思主义基本原理的实际运用，“随时随地都要以当时的历史条件为转移”。在马克思主义的经典著作中一方面包括了对时代特征、历史走势等一系列宏观问题的深刻阐发，体现了重要的世界观和方法论的原则，另一方面又反映一定历史条件下的具体问题。因此在中国运用这些著作中的思想，必须考虑到中国的特殊国情，不能照搬它的某个具体的结论；这是实现马克思主义与中国实践相结合的中心环节。毛泽东指出，认识中国社会的性质，这是解决中国一切革命问题的最基本的出发点。正是基于这一认识，毛泽东运用马克思主义基本观点，深刻分析了中国半殖民地半封建社会的性质和特点，在此基础上科学地分析了革命的性质、任务、对象、动力、前途及转变等问题，制定了新民主主义革命的总路线，开辟了一条农村包围城市，武装夺取政权的革命道路，领导中国人民取得了民主革命的伟大胜利，继而创造性地开辟了一条适合中国国情的社会主义改造道路，胜利地实现了由新民主主义到社会主义的过渡，确立了社会主义制度。

换个角度看，马克思主义中国化也就是中国的革命、建设和改革实践经验的马克思主义化，即把中国革命、建设和改革的经验上升到马克思主义的高度来加以总结和概括。毛泽东在 1941 年提出，“要分清创造性的马克思主义和教条式的马克思主义”，“我们要使中国革命丰富的实际马克思主义化”。中国共产党人将中国革命、建设和改革的实践经验上升为理论，丰富和发展了马克思主义，创立中国化的马克思主义。中国化的马克思主义是从实践中来，并在实践中经受检验、被证明为科学的理论，是马克思主义的新发展。

第四，从马克思主义中国化的进程看，马克思主义中国化是中国共产党人对马克思主义的理论创新，是一个不断发展的过程。

实践不断发展，没有止境，客观上要求指导实践的科学理论不断发展。中国共产党人只有不断进行理论创新，才能永葆党的先进性，不断提高党的领导水平和执政能力。历史在前进，形势在变化，党的历史经验在不断地丰富，需要我们不断地给予马克思主义的总结。

我们党在历史重大转折关头的每一次思想解放和事业进步，都是在马克思主义基本原理与中国实际紧密结合、不断进行理论创新的基础上取得的。在大革命失败后的危急关头，我们党把马克思主义基本原理与中国革命实际相结合，创立农村包围城市、武装夺取政权的道路，使革命转危为安；“文革”之后，我们党准确地把握我国所处的历史方位，即社会主义初级阶段，深刻地认识社会主义的本质，系统地总结了社会主义建设的经验教训，确立了以经济建设为中心和改革开放的重大决策，开辟了中国特色社会主义道路，从而不断开创社会主义事业的新局面。

新形势下坚持理论创新，是改革开放和现代化建设的需要，是永葆党的先进性的需要，更是马克思主义与时俱进品质的根本要求。江泽民同志指出：“理论创新，这是马克思主义唯物辩证法的根本要求。要使党和国家的发展不停顿，首先理论上不能停顿，否则，一切新的发展都谈不上。”当前，我国全面建设小康社会的伟大事业正处于一个重要发展时期，新的实践、新的情况、新的问题呼唤科学理论的指导。我们只有深入贯彻落实科学发展观，继续解放思想，坚持改革开放，推动科学发展，促进社会和谐，才能针对面临的重大问题制定和贯彻正确的方针政策；才能改进领导方式和执政方式，完善领导体制和工作机制；才能提高干部的思想理论素质和领导水平，从而推动中国特色社会主义事业不断前进。

第五，从马克思主义中国化的方法看，关键是要坚持马克思主义基本原理，坚持它的立场、观点、方法，把它们作为行动的指南。

马克思主义是一个完整的科学体系，其中的基本观点、基本原理不是孤立的，而是有着内在联系的。在马克思主义中国化过程中，要始终注意从总体上、相互联系上和精神实质上全面地正确地把握马克思主义基本立场、观点和方法。只有这样才能应用马克思主义去深刻地、科学地分析中国的实际问题，找出它的发展规律。坚持马克思主义才能发展马克思主义，这是基本的前提。

坚持不等于固守，继承不等于教条。马克思主义是“发展着的理论，而不是必须背得烂熟并机械地加以重复的教条”。“马克思的整个世界观不是教义，而是方法。它提供的不是现成的教条，而是进一步研究的出发点和供这种研究使用的方法。”单纯了解马克思主义的词句毫无用处，应该把它当成科学来学习和应用。任何国家民族都需要根据自己国家的特点决定方针、政策，“照抄别国的经验是要吃亏的，照抄是一定会上当的”。

第六，从马克思主义中国化的民族形式看，要着重处理好马克思主义与传统文化的关系。

批判地总结和继承中国的历史遗产，赋予马克思主义以中国风格和中国气派，这是马克思主义中国化的文化底蕴。马克思主义要为中国人民所掌握和运用，必须与中国的文化相结合。毛泽东十分重视马克思主义与中国优秀民族文化相结合的问题，指出："从孔夫子到孙中山，我们应当给以总结，承继这一份珍贵的遗产。这对于指导当前的伟大的运动，是有重要的帮助的"。在这方面毛泽东堪称典范，他在运用马克思主义指导中国革命和建设的过程中，善于汲取中国文化的精华，使马克思主义与中国优秀民族文化相结合。他广泛涉猎中国古籍，精通中国历史文化，既不是信而好古，又不是简单否定，而是善于独立思考，去其糟粕，取其精华，以历史唯物主义观点作出科学的评价，为现实斗争服务。他自如地引用古书中的文句和典故，或说明一个深刻的哲理，或借鉴一个历史经验，常给人以新颖而形象的感受，具有很强的感染力和说服力。这就启示我们，要牢牢把握先进文化的前进方向，塑造民族的、科学的、大众的社会主义先进文化。

第七，从马克思主义中国化过程中的反倾向性斗争看，要坚持有"左"反"左"，有右反右，是什么问题解决什么问题。

“左”和右的错误倾向的表现是不同的，但就其世界观和方法论来说，都是主观与客观相分离，都违背了辩证唯物主义的认识论。毛泽东说：“什么叫‘左’？超过时代，超过当前的情况，在方针政策上、在行动上冒进，在斗争的问题上、在发生争论的问题上乱斗，这是‘左’，这个不好。落在时代的后面，落在当前情况的后面，缺乏斗争性，这是右，这个也不好。”这些错误倾向之所以产生“都是以主观和客观相分裂，以认识和实践相脱离为特征的”。这两种错误本质的一致性，是它们互通互变的根本原因；这种一致性，客观上造成了“左”和右的错误都可以葬送社会主义。①

中国革命、建设和改革事业前无古人，没有成型的经验可资借鉴，其过程不可能是一帆风顺的。即使是正确的路线方针政策，也有一个从不同角度认识和理解的问题，难免发生分歧和争执。因此，不能动辄把一般的认识上的分歧扣上“左”或右的帽子。即使有“左”或右的错误，也不能无限上纲。历史经验告诉我们，要具体地、实事求是地分析产生错误的原因

① 王占仁：《深刻理解马克思主义中国化的历史经验》，《高校理论战线》2008 年第 2 期。

和错误的性质，及时地加以纠正，认真地总结经验教训。我们要坚持做到有“左”反“左”，有右反右，是什么错误改正什么错误，是什么问题解决什么问题。邓小平敏锐地抓住两种错误倾向的实质，提出了全面、科学、辩证的反错误倾向的思想，指出，反对和否定四项基本原则，有来自“左”的，也有来自右的，我们“要批判‘左’的错误思想，也要批判右的错误思想”。并说：“黄克诚同志讲，有‘左’就反‘左’，有右就反右。我赞成他的意见。”这一思想是邓小平在准确把握我们党反对错误倾向的经验教训的基础上提出来的，坚持这一思想，可以做到在反对一种错误倾向的时候，警惕掩盖另一种错误倾向。在马克思主义中国化的过程中，我们要全面、历史地理解邓小平关于反对错误倾向的思想，以顺利推进马克思主义中国化的历史进程。

参考文献

[1] 郑德荣：《毛泽东与马克思主义中国化》，东北师范大学出版社，1997 年版。

[2] 郑德荣等：《国情·道路·现代化》，吉林文史出版社，2001 年版。

[3] 陈述：《理论方略》，江西人民出版社，2001 年版。

[4] 《中国共产党历史（第一卷）》，中共党史出版社，2002 年版。

[5] 黄宏：《马克思主义创新史》，云南教育出版社，2002 年版。

[6] 陈登才等：《邓小平与中国新道路》，中共中央党校出版社，2004 年版。

[7] 秦刚等：《马克思主义在中国的创新和发展》，江苏人民出版社，2004 年版。

[8] 郑德荣《文存（第一至三卷）》，辽宁人民出版社，2006 年版。

[9] 金民卿：《理论——中国化马克思主义的初步形成》，江西高校出版社，2009 年版。

[10] 《中国共产党历史（第二卷）》，中共党史出版社，

2011 年版。

[11] 郑德荣《文存（第四卷)》，吉林人民出版社，2011 年版。

[12] 王海军：《改革开放以来中国共产党理论创新基本经验研究》，中共党史出版社，2011 年版。

[13] 王骏飞等：《马克思主义中国化的历史进程简明读本》，四川人民出版社，2012 年版。

[14] 郑德荣等：《中国特色社会主义道路基本问题研究》，人民出版社，2012 年版。

[15] 孔德生：《开天辟地——中共第一代领导集体纵论》，吉林文史出版社，2012 年版。

[16] 孔德生等：《复兴之路》，吉林人民出版社，2012 年版。

[17] 柳建辉等：《十年辉煌——十六大以来中国共产党治国理政纪实》，人民出版社，2012 年版。

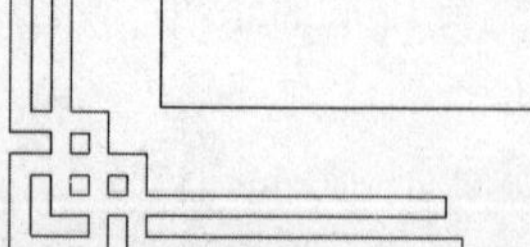